# ダルデンヌ兄弟

# Jean-Pierre & Luc DARDENNE

## 社会をまなざす映画作家

編＝若林 良

neoneo 編集室

## エッセイ

# ダルデンヌ兄弟の言葉

作成・訳：原田麻衣

1

私がとても深く感じているのは、私たちは二つの体に分けられた一人の人間である、ということだ。そして不思議なことに、この感覚は歳を重ねる毎に増しているんだ。

――リュック・ダルデンヌ

*Libération*, 16 octobre, 1996.

2

俳優は、私たちがデザインした枠のなかに収まらなければならないが、それに伴う制約を感じずにいなければならない。私たちは「印をつけて」撮る監督ではない。機械を根本的に否定するのも、機械が俳優自身に大きなコントロールを強いるから、演技から多くの自発性を奪ってしまうからだ。手持ちカメラは役者がカメラの存在を忘れることができるから自由度が高いんだ。

――ジャン＝ピエール・ダルデンヌ

*Cinergie.be*, 1 septembre, 1999.

3

私たちがやろうとしているのは「状態」を作ることだ。物質に関する物理学にちょっと似ている。重い、軽い、霧がかっている、個体、液体、気体などと撮影されたショットについて言えるようにしなければならない。

——リュック・ダルデンヌ

*Cinergie.be*, 1 septembre, 1999.

4

映画は運動だが、身体に具現化された動きであるから、つまり変化なのだ。動くために動くのではない。変わること、変化すること、身体を変更し、まなざしを変更し、距離を変更することだ。

——リュック・ダルデンヌ

*Multitudes* 11, hiver 2003

5

撮影前に一ヶ月から一ヶ月半かけて衣裳を選ぶ。毎日さまざまな服を着てもらって、その過程で役者は自分の持っていたある種のイメージを捨て、手放し、役柄に身を委ねるんだ。

——リュック・ダルデンヌ

*Guardian*/ NFT Interview, 11 February, 2006

6

罪悪感を抱いたとき、人はより人間らしくなれる。だから罪というテーマに興味があるんだ。私たちの映画ではすべて、罪悪感を抱くことによって登場人物が日常を離れ、変化していく。

——ジャン＝ピエール・ダルデンヌ

Bert Cardullo, ed., *Committed Cinema: The Films of Jean-Pierre and Luc Dardenne; Essays and Interviews*, Cambridge Scholars, 2009

7

リエージュとその近郊が私たちのスタジオだ。子ども時代と結びついたこの土地を変貌させるのさ。私たちは縦横無尽に歩き回る。この地に出没する亡霊を必要としているんだ。

——ジャン＝ピエール・ダルデンヌ

*Télérama*, 20 mai, 2011

8

私たちは映画の中での身体的な衝突、俳優が自らの身体を使う方法が好きで、そのような時に彼らはより自由になると感じている。

——ジャン＝ピエール・ダルデンヌ

*Slant*, 3 October, 2011

9

音楽は映画の中や登場人物に起こっていることから来るものではない。登場人物の上にあるというか……。ある意味、映画を章立てしているようなものだ。音楽があるたびに、別の動き、別の登場人物から始める。

——ジャン＝ピエール・ダルデンヌ

*Interview*, 8 March, 2012

10

たくさん話をして、「よし、これだ」と思うものを感じようとする。ジャズミュージシャンと同じで、突然、「よし、これだ」と思うんだ。二人の間で何かが起こり、それが始動するのを皆が感じるんだ。

——ジャン＝ピエール・ダルデンヌ

*Interview*, 8 March, 2012

11

私たちは観客を今という時間のサスペンスに縛りつけようとしている。ワンシーン＝ワンショットによって、そのシーンは避けて通れないものになる。

——リュック・ダルデンヌ

*La Croix*, 21 mai, 2014

12

私たちは頭の中を撮影しない。つまり、記憶の描出や内的独白、フラッシュバック、ヴァイス・オーヴァーはない。演劇的な映画でもなければ、文学にインスパイアされたものでもないんだ。

——リュック・ダルデンヌ

*Cinergie*, 11 octobre, 2016

13

私たちは常に、主人公の視点から物語を語り、できるだけ主人公に近づきたいと考えている。アクションに参加することが私たちの仕事なんだ。この方法でのみ、台詞は人工的なものにはならない。

——ジャン＝ピエール・ダルデンヌ

*Slant*, 3 September, 2017

14

私たちが望むのは、物事が起こる場所、俳優が何かをする場所を強調しないことだ。演技の場を明らかにしたくない。私たちの映画では光は少し灰色でニュートラルなんだ。

——リュック・ダルデンヌ

*The Film Stage*, 21 February, 2020

15

ステディカム（手ぶれ補正システムに依拠するカメラ）は流動性を誘発しすぎるから使っていない。私たちのカメラは少し苦しまないといけない、物事はカメラに抵抗しないといけないのだ。

——リュック・ダルデンヌ

*Trois Couleurs*, 3 octobre, 2022

**ダルデンヌ兄弟　最新作『トリとロキタ』インタビュー**

# 誰からも壊されることのない「友情」を軸に

取材・訳・写真：魚住桜子

近年、ヨーロッパにおける難民問題は、映画でも避けて通れないテーマである。長編三作目『イゴールの約束』（一九九六）から不法滞在者の苦難を題材にしてきたダルデンヌ兄弟は、最新作の長編一二作目『トリとロキタ』（二〇二二）で、これまでの作品の中でもとりわけ強い「怒り」を帯びた形でそのテーマに取り組んだ。難民の少年少女が自分たちの前に立ちはだかる障害を次々と乗り越えていく姿を描く本作の取材で、監督はダルデンヌ兄弟の映画作りの核心に迫る話をも聞かせてくれた。

――本作はあなた方の近年の作品と比べても輪をかけてミニマルで、まるで一筆書きのように撮っておられます。社会の本質に迫って〝姉弟〟の苦難を描き、ラストまで息もつかせません。昨今の移民問題、社会問題を下敷きにして、これほど強度の高い作品を約九〇分という尺で撮り上げられたことに感服しました。脚本執筆の際、まるで彫刻家のように無駄をすべて削ぎ落として物語を構築されたのではないでしょうか？

**リュック・ダルデンヌ（写真右、以下LD）** 彫刻家のようであるかはわかりません。今回、私たちは「付き添いなき未成年」（ＭＮＡ）の二人の子供を主人公にしようと考えました。彼らは母親に捨てられた移民で、一人は難民認定を受けた少年、一人は出稼ぎのためにベルギーへ不法入国させられた少女。それが脚本の第一段階でした。そして本腰を入れて映画作りに入った時、移民の苦難を下敷きに、二人の子供の友情を描きたいと思いました。身寄りもなく、異国で暮らす移民は、人一倍孤独感が強いでしょう。それで彼らの絆を基盤にして、二人が〝姉弟〟と主張することで難民救済施設の同じ部屋で過ごせるように奔走する設定にしました。その上で、彼らが次々と自身に訪れる障害を乗り越えていくサスペンス調の作品に構成したのです。おそらく私たちは初めて、社会の不正義を告発する映画を作ったと思います。映画のラストにおける主人公の少年・トリのセリフに、私たちの怒りは要約されています。彼はこう言います。「ビザがもらえたら家事ヘルパーになって――ベルギーで一緒に暮らせた」と。おそらくプロットの単純さは、誰からも壊されることのない強い友情を、最後まで明瞭に捉えたいと思ったことに起因しています。たとえ最後は別れることになっても、彼ら自身はイニシアティヴをとって絶対一緒にいる、自分たちを引き裂くことはできないという強固な意思を貫いています。その上で、難民の子供たちに手を差し出さずに突き放す社会へ抗議する思いがありました。〝告発・抗議〟という側面が物語を、さらにシンプルにしたと思います。

**ジャン＝ピエール・ダルデンヌ（写真左、以下ＪＰＤ）**　そう。決して複雑ではありません。

**ＬＤ**　彼らの友情を複雑にすることもできましたが、そうしたくなかったのです。仲違いさせたり、裏切った後に仲直りさせたりする選択肢もありましたが、彼らの友情に失望したくなかったし、必要以上に深刻なものにもしたくなかった。二人が最後まで疾走するために、余計な筋は一切省きました。

――あなた方の作品には子供が登場することが多く、とりわけ映画初出演となる無名の子役を起用されます。本作も演技経験のない子供たちをカメラは絶え間なく追いかけます。過去にはエミリー・デュケンヌ、ジェレミー・レニエ、デボラ・フランソワといった逸材を発掘されました。いつも、どのようにあんな素晴らしい演技を子供たちから引き出されるのですか？　キャスティングには膨大な時間を注がれるのではないかと想像します。

**ＬＤ**　まずフランス語を話せる子供を必要としていました。キャスティングでは男の子は約一〇〇人、女の子は約六〇人に会い、その中から二人を選びました。ロキタを演じたジョエリー・ムブンドゥはカメルーン北部の出身。トリを演じたパブロ・シルズはベナン共和国出身です。

キャスティングに関しては、第一に健康な肉体と精神を兼ね備えていることが条件です。彼らは撮影に臨みながら、学校の勉強も同時にしなければいけないからです。撮影の大半は休暇中でしたが、学校の新学期がはじまる九月まで続きました。それに映画だけではなく、彼らの私生活もある。トリ役のパブロは週末、走高跳など陸上競技をしており、ロキタ役のジョエリーは友人と会う用事も少なくはありませんでした。彼らが虚弱で傷つきやすく、肝が据わっていないようであれば配役していません。「映画を作ることがこんなにも大変だとは思わなかった」とか「三時になったからバスケットボールの練習に行かないと」と言うような雰囲気ならば論外でした。彼らには、そのような心配はまったくありませんでした。

私たちはビデオカメラを使って約五週間リハーサルを行い、すべてのシーンの稽古をしました。同時にカメラの配置や美術も決めていきました。リハーサルが始まると、彼らと多くの時間を共に過ごし、まるで一緒に暮らしているようでした。朝、彼らが到着するとビデオカメラを使ってリハーサルを繰り返し、昼食を共にし、また車で稽古場に向かいます。彼らの衣装は、衣装係と彼らの意見も取り入れながらみんなで選びました。一度だけパブロが私たちに申し出たことがあります。午後五時まで稽古する予定だった日の午後四時に、「バスケットボールの試合があるから早退してもいいですか？」と。先ほどの言葉と矛盾するようですが、「ならば行ってきなさい」と答えました。すでに私たちの間に信頼関係があったからです。彼らとの間に壁を作らない雰囲気作りも現場では大切にしていました。一緒にお喋りしたりゲームをしたり、いつでも私たちに質問できるような空気を作る。だからこそ、二人は決して諦めることなくやり遂げられたのです。

ジョエリーの場合は女優志望だったので覚悟を決めていました。とはいえ、それは絶対条件ではなく、これまで演技経験のない人物を起用して問題が起きたことはありません。私たちは彼らに発揮できる能力があると判断したときに配役を決めます。

スケジュールについては、あるシーンにはゆっくりと時間をかけて、別のシーンでは素早く撮ることもあり、ケースバイケースです。ですが、リハーサルをしすぎてはいけない。重要なのはシーンとショットを見つけること。役者は立ち上がって歩き、私たちは追いかける。常に40ミリのレンズなのでカメラの焦点距離における問題はなく、思いのままに撮影できます。その中から、向きを変えるなど、様々な角度で撮って最適なものを精選します。セリフは時々、変更します。そのために子供たちの言葉に注意深く耳を傾けなければいけない。特に幼い子供の場合はなおさらです。彼らが脚本と別の言い回しをすれば、それはなぜなのかを考える。おそらくそちらの方が良いアイデアだろうと再考してみるのです。いずれにせよ、毎回メモして記録し、保管しておきます。

とはいえ、若い時のオリヴィエ・グルメとジェレミー・レニエの『イゴールの約束』、またセシル・ドゥ・フランスと子役のトマ・ドレの『少年と自転車』（二〇一一）を撮影した時と、今回は少し違います。当時は、オリヴィエやセシルに少し依存していました。プロの俳優は、私たちが彼らに信頼を寄せていることを理解しています。『トリとロキタ』では頼れる人が誰もおらず、最初の週は二人ともシャイで内向的でした。だから私たちは自分たちがこれまでにしていなかったことを行いました。つまり彼らと一緒に演技をすることですね。と言っても過剰な演技ではありませんが、「じゃあ起きて、このように動いてごらん。このように振り返って、あちらを見据える」というアクションを彼らに見せながら、演技をつけていきました。

――あなた方はしょっちゅう登場人物の後を追いかけている印象です。特に今回は動きが多いと思いました。主役の二人は常に動き回り、動作は徐々に速度を増します。特にトリは倉庫に忍び込んだり、施設の塀によじ登ったり、坂を滑り降りたり、自転車で疾走したりします。

**JPD**　本作は少しだけ冒険映画の要素を取り入れています。主人公の二人は、自身の前に立ちはだかる障害を回避したり、解決策を見つけたりしながら前へと進んでいく。不法滞在者が安全な場所を求めてひたすら動き回る。パブロはとても敏捷で運動神経が抜群だった。トリはロキタが閉じ込められた倉庫に入るためにタラップを自分で作って移動するなど、ひたすら体を動かし続けるのです。

**LD**　彼には別の資質もありました。私たちの一連の提案に反対したのです。

――どういったことでしょうか？

**LD**　最初は「ロキタの弟」的な一面があるキャラクターを思い描いていましたが、彼が演技をする中で、そこからは次第に外れていきました。パブロは、私たちの提案に素直に従うよりも、〝こんなことをしたら〟と別の案を提示することが多かったんです。ただ、大抵は良い案であり、多くの場面では彼が正しかった。彼のラストのセリフは、ある種の冷淡さをもって語られています。無愛想とも違う。それは彼からの申し出です。彼は自分の役を構築するのに主体性を発揮し、自分への自信にも繋がったでしょう。

――演技経験のない少年の意見にもしっかりと耳を傾けられるのですね。

**JPD** 彼は気骨があり自立精神の発達した少年です。ロキタを演じたジョエリーもしかり。なぜなら彼らが演じる役は強靭なエネルギーを必要とするからです。他人の前で常に自分自身の限界まで試す必要があるから。最初から俳優が自分の職業であれば、そんな状況には慣れているでしょう。でもカメラや他人の前で自分をさらけ出す経験がない人間にとっては難しいことです。同時に、それに伴う喜びを持てなければ続けることはできないでしょう。はじめは緊張と恐怖を覚えますが、彼らがそれを好むかどうかはすぐに察知できます。

――先ほどの質問とも関連しますが、あなた方の作品は子供を主人公とすることで、いわゆる未熟さを描くことを意識されているように思います。主人公たちは、ある種の無知から足をすくわれてしまうことが多いです。

**LD** 『トリとロキタ』で言えば、トリが大麻栽培所に戻ってきたときのことでしょうか？

――ええ。なぜもっと用心しなかったのかと……。

**JPD** トリはロキタが一人きりでいられないことを知っているからです。

**LD** トリはバスに乗っているときに、ロキタから「今なら大丈夫」というメッセージを携帯電話で受け取ります。だからあの場所に行った。倉庫の付近に車がないかを確認して侵入し、彼女に二回、呼びかけています。他に誰もいないと確かめて倉庫に入っていったのです。ところが現実に起こったことは……。

なぜ私たちがよく子供を登場させるのか、明確な理由はわかりません。ただ、考えられるのは……。ピーター・ブルックの『蠅の王』（一九六三）を覚えていますか？　子供だって残酷になる可能性が大いにあることを示したいのかもしれません。子供のギャング、競争、罪のなすりつけなど、様々な残酷な行為が存在しえます。私たちの映画に登場する子供たちは、最終的には疑問符を投げかけるのです。ヴィットリオ・デ・シーカの『子供たちは見ている』（一九四三）のタイトルがそれを表現しているように。

トリはナイトクラブの大麻を買う男に向かって、泥棒したのではないと言いますが、それは正しい。彼らは彼らにとってできることをするまでです。ロキタの祖国の家族に送金しなければならないから、不法にお金を稼ぐ必要がある。真実を語る時もあれば、生き延びるために嘘をつくこともある。でも、それは嘘とはいえない嘘です。彼らは非常に脆く弱い存在で、ロキタは男性の欲望のはけ口となってしまう。滞在許可を得られない受難によって、彼女の立場はさらに弱まる。彼らの姿が表すのは「迫害された真実」の一部であり、それこそ私たちが撮りたかったものです。

二人には、ちゃんとしたモラルを持つ余裕すらありません。『イゴールの約束』のイゴールにも近いですね。不法難民の就労を斡旋し、そのひとりが事故で死亡しても、証拠を隠そうとする父の言うがままだった。彼には父を告発する術も、そもそもそうした発想もなかったのです。

社会の中で子供が殺されるような物語を描く時、それがどのように起こっているのか、どこに問題があるのかを掘り下げなければならない。単に子供たちが無垢な犠牲者だった、と描くだけでは足りません。そうした思いが映画を作った理由でもあります。ニュースに耳を傾けると、ベルギーをはじめヨーロッパでは何百人もの寄る辺ない未成年の移民が消えています。幸運にも欧州を越えてイギリスに渡航できる人々もいますが、ほとんどは自国に強制送還されるか、もしくは行方不明になってしまったことになっています。一部の人間は殺されていても、付き添いのない不法の未成年の遺体捜しを求める人は誰もいない。彼らの存在はなかったことになっているのです。警察は、あるいは入国管理局や難民センターも、水面下には恐ろしい犯罪組織があると知っていても、動くことはないのです。

――不法滞在者や移民問題は過去の『イゴールの約束』、『ロルナの祈り』(二〇〇八)、『午後8時の訪問者』(二〇一六)といった作品でも取り上げられています。ところが毎回、違った切り口で描かれています。こういった社会問題を扱う時、どのように構想を膨らませていくのですか？　主軸にあるのは、物語を語ることなのか、それとも、登場人物を通して社会の一部を可視化することなのか、どちらでしょうか？

**JPD**　どちらが先かという違いはありますが、両方のことを意識します。本作の場合は、一〇年ほど前からこのテーマで映画を撮りたいと思っていました。定期的に新聞で移民や不法滞在者のニュースを目にしてきたからです。別の作品を撮り進めるうちに、一〇年前の考えが戻ってきたのです。

その上で、主人公の人物造形を決め、付き添いのない二人の友情がどのように相互作用し、社会が生み出す障害に立ち向かいうるかをよく考えた。彼らの存在を悪用する人間も描こうと思いました。子供を巡っての冒険映画で、この友情はどうすれば強固になることができるだろうかと試行錯誤しました。

――生き残りをかけた子供たちの冒険に、様々な危機が訪れるというサスペンスが凝縮されています。主人公の運命がどうなってしまうのかというスリルは、あなた方の作品に常に見受けられます。例えば『その手に触れるまで』(二〇一九)の場合も、主人公のアメッドがどうなるのか最後までドキドキさせられました。当時、あるジャーナリストが『その手に触れるまで』はダルデンヌ作品の中で最も悲観的な作品だと指摘していました。ですが、あの作品ではアメッドを正しい軌道に乗せるための更生センターがあります。また、イスラム過激派への傾斜によって犯した罪の許しを乞う意識の変化がみられます。ところが本作にはそんな余白が一切なく、主人公に自分の行動を理解させる時間を与えません。より厳しい現実を突きつけているように感じました。

**LD**　私たちは冷酷な世界にいます。ロキタは大麻栽培の小屋に連れていかれて、そこでは携帯電話が使えないと言われ、抗議すると、男から平手打ちを受けます。観客はその時に、彼女が危険な立場にあることがわかる。二人にとって必要なのは救いの手を差し伸べてくれる人物。彼らの道のりを見ながら観客は「きっとこの苦境を乗り越えるはずだ」と願うかもしれません。死のリスクが常に存在し、麻薬の売人や売春婦になる可能性があったとしても……。若い移民には麻薬や売春といったリスクが常につきまとっています。

――本作はあなた方のはじめての〝告発〟映画だとおっしゃいました。ですが、過去のあなた方の作品を思い返すと、現代社会のドキュメンタルなあり様を淡々と静謐に表現しながらも不正義に対する批判的な視点が貫かれていました。本作は子供たちが絶対的な逆境に直面して、大人は彼らを奴隷のような立場に追い込みます。一切後戻りする余地がないという点が過去の作品との大きな違いではないでしょうか？

**JPD**　本作では、トリとロキタが意図せずとも犯罪に加担しますが、自身の罪と向き合い、その償いをするようなシーンがありません。それは過去の作品との違いだと思います。

**LD**　倉庫の地下に下りると悪者がいる。二人は残忍な人間に立ち向かっていくのです。観客にとって、どちらが強い立場にいるかは明白です。ですがトリはロキタを励ます。実際に二人の子供たちは解決策を見つけられた……。

**JPD**　そして驚きの銃声が鳴り響く……。観客も登場人物と同じように呆気にとられる。それは映画にアクセントを生み出すことでもあります。

――トリの最後の言葉は観客に伝えたいメッセージでしょうか？　もしくは現代社会に対する警告でしょうか？

JPD　はい、私たちはこの映画を通して警鐘を鳴らしています。トリの言葉は、もちろん観客に向けての言葉ですが、ロキタに起こったことが、現実に起こらないようにという願いを込めたものでもあります。この言葉を子供が言うことによって、愚直でありながらもストレートに伝わると思ったのです。このメッセージは映画の表面にあるものではなく、映画の中から湧き上がってくるもの。リュックとは映像でどのような効果がもたらされるかと試行錯誤しました。私たちの目には見えたのですが、観客のみなさまにはいかがだったでしょうか？　パブロの簡潔な話し方で十分に伝わったと思うのですが。

――過去作を振り返ると、『トリとロキタ』は『ロルナの祈り』と、滞在許可証を取得し居心地の良い環境で暮らそうとする移民の奔走という点に共通項が見出せます。ただ、それ以外の点ではまったく違うといえるでしょう。この二作品をどのように比較されますか？

LD　二作品に共通するのは、スピード感やフィルム・ノワール的側面をもたせており、暗闇でのシーンが多いことです。全体を通して暗い影が覆っていて、マフィア的な人物が登場する。ロキタの連れていかれる倉庫は光がなく締め切った監獄のような空間です。『ロルナの祈り』でも夜に様々なことが起こります。また二作に共通するのはドラッグの密売です。

そしてロルナは偽装結婚という犯罪に手を染めていく。物語を複雑にしているのは、この偽装結婚が形を変えて何度も登場することです。ですが、『トリとロキタ』は犯罪を巡ってのサスペンスではありません。

JPD　違いを説明しますと、『ロルナの祈り』におけるロルナは、移民としてベルギー国籍を獲得するために、犯罪に手を出します。ですから、彼女にとっての犯罪は手段という側面があります。『トリとロキタ』の場合は、そもそもトリとロキタは、犯罪に手を染めるような日常から脱出するために戦っている。

つまり、彼らにとっての犯罪は手段ではなく、克服すべき障害なんですね。

『トリとロキタ』はどちらかといえば『イゴールの約束』の構造に近いと思います。話の核は違法外国人労働者の問題であり、彼らが自分たちの居場所を探すことから映画は始まる。すぐに状況がもつれだし、無法の世界が露わになります。つまり無法地帯は居場所が見つからない不法移民者の、仮の住まいとなります。彼らには社会的地位がないから、信仰も契約も法律もない世界に入っていくのです。そこにはより激しく残忍な法則がある。

——これまでの作品に目を通すと、あなた方は常に同じスタッフと組んでこられた印象を持ちます。まるで大きな家族のように〝ダルデンヌ組〟を形成してこられたのではないでしょうか?

**JPD** 長年組んできた撮影監督は辞めましたが、他のスタッフは今もずっと同じです。

——(リュックの)息子さんがキャスティング・ディレクターをされているのですね?

**LD** ええ。息子のケヴィンは『少年と自転車』の時からキャスティング・ディレクターをしています。

——俳優に対しても同じように誠実でいらっしゃるように感じます。オリヴィエ・グルメやジェレミー・レニエなど、何度も繰り返し起用される俳優がいます。

**LD** 『ロルナの祈り』で主人公の恋人のソコルを演じたアウバン・ウカイは本作ではピザ屋の闇のディーラーを、『その手に触れるまで』に出演したマルク・ジンガとナデージュ・エドラオゴも、不法難民を斡旋する悪徳業者を演じています。

**JPD** 同じ人々と新たに仕事をするのは良いことですし、一緒に仕事することを気に入っています。彼らは私たちの仕事のメソッドを少しは知っているので、多くの質問を投げかけてこないですし、撮影はスムーズに素早く進められるからです。

――あなた方のやり方がわからない場合は、リハーサルに費やす時間が長くて難しいと感じるのでしょうか？

**LD**　彼らが若い時は問題はありません。しかし、それなりに歳を重ねた俳優の場合は……。いや、それは口を慎みます。マリオン・コティヤールと『サンドラの週末』（二〇一四）で初めて仕事した時は、彼女は即座に私たちのやり方を理解してくれて非常に助けられました。『少年と自転車』のセシル・ドゥ・フランスも然り。私たちはリハーサルの現場で誰もが物事を提案できる環境を作ります。脚本が最終地点ではありませんから。俳優には身を委ねてほしい。その中で明確な〝何か〟を私たちが見つけますから。カットする場面もありますが、私たちは俳優に、いわゆる〝演技〟を求めていません。

『トリとロキタ』
©LES FILMS DU FLEUVE - ARCHIPEL 35 - SAVAGE FILM - FRANCE 2 CINÉMA - VOO et Be tv - PROXIMUS - RTBF(Télévision belge)

**JPD**　これは矛盾ではありません。俳優が演じなくても、身体的な動きは多かれ少なかれそこに存在します。俳優の動作をどのように捉えるか、最適なカメラの配置を知るために、多くの時間を費やしています。いつものように私たちの映画作りは進んでいくのです。

二〇二二年六月二〇日　パリにて収録

# ムーズ川の流れと製鉄所のけむり　初期ドキュメンタリー＋『あなたを想う』

金子　遊

## ワロン地域の風土

ベルギーの南部を占めるフランス語圏のワロン地域。フランスからベルギーに注ぎこむムーズ川の水流は、ワロン地域のリエージュ州を南北に横切り、やがてオランダに入って河口のロッテルダムへといたる大河である。そのムーズ川のほとりに、リエージュやアンスなどとともに都市圏をつくるスランという町がある。産業革命以降、一九世紀の初頭からムーズ川の豊富な水源を利用して、鉄鋼業やガラス製造業が発展してきた土地柄である。

ジャン＝ピエール＆リュック・ダルデンヌが監督した『あなたを想う』（一九九二）という長編劇映画の冒頭には、ムーズ川のほとりにある製鉄所を高台から見下ろした固定ショットがおかれている。工業地帯に複雑に張りめぐらされたパイプラインのなかにひときわ目立つ建物があって、その煙突からもうもうと白いけむりがあがる。視点が移り、走行している自動車から見あげる煙突のショットから、カメラがゆっくりと下をむくと、車上の荷台に黄色いリボンで結ばれた花束が見えてくる。さらにパンダウンすると、車を運転する主人公のファブリスという父親と、あどけなさが残る息子が会話をしている。

「いつからそこで暮らすの？」

「すぐさ」

「そこで毎日、寝泊まりするの？」

「ああ。お前の部屋から、ボートが通りすぎるのが見える」

「小さいころ、ボートを見て暮らしていたの？」

「自分の部屋からは見えなかった、駅の裏手に住んでいたからね」

一転してカメラは親子から遠ざかり、ムーズ川に面した工場わきの道を走っていく車をとらえた超ロングショットになる。つづく映像では、川を見下ろす高台に、誠実そうな表情のファブリス、美しいブロンドの妻セリーヌ、そのひとり息子がいる。彼らが住むレンガづくりの新居がほとんど完成し、引っ越しのお祝いに人びとが集まっている場面になる。鑑賞者は冒頭のスランの町を見下ろす固定ショットの記憶が残るうちに、車をとらえた超ロングショットに自分の視線を重ねることで、「ムーズ川を見下ろす高台という地形」が心理的な地図としてできあがり、この自宅の場面がすんなり入ってくる。

ワインで祝う人びとのセリフから、ここに集まった人たちが鉄鋼業の労働者であることが示される。つづいて製鉄所の場面に移り、高温で熱して鉄を精製しているファブリスの姿を描くことで、その仕事内容が示される。つまり、この映画はダルデンヌ兄弟の故郷であるスランの町を舞台にし、伝統的な産業である鉄鋼業に従事する労働者とその家族を描いた、作家たちにとって根源的なテーマをあつかった作品なのだ。最初の長編劇映画『ファルシュ』（一九八六）が戯曲を原作にした作品だったことを考えれば、実質的には、はじめてオリジナル脚本で臨んだ二本目の『あなたを想う』により、劇映画のテーマを探求する旅が幕をあけたといっていい。

この文章において、ダルデンヌ兄弟の伝記的な事実をこまかく紹介する紙幅はないので、スランという町における風土と労働問題に関連する点だけを簡単に確認しよう。兄のジャン＝ピエールは一九五一年にアンジで、弟のリュックは一九五四年にアヴィルで生まれた。いずれもワロン地域にあるスランにほど近い、ムーズ川流域の町だ。一九世紀の初頭、リエージュ、スラン、アンジ、アヴィルのある一帯は、ムーズ川が運んでくる豊富な水流と、木炭から石炭へと燃料を転換した強力な溶鉱炉の存在によって、ヨーロッパにおける産業革命をリードする鉄鋼業の一大拠点となった。この地域では鉄鋼に関わる工場労働者の家庭が多く、教会へかよい、労働組合に参加し、カーニバルに参加するべく地元のサークルに所属するという、典型的なライフスタイルが見られることになった。[1] まずは、ダルデンヌ兄弟がそのような生活風土を持つ地域で生まれ育ったということを確認しておこう。

その一方、ダルデンヌ兄弟の初期のドキュメンタリー作品のなかで、くり返し取りあげられるのが、一九六〇年から六一年にかけておきたゼネラル・ストライキである。ベルギー北部のフランデレン地域はフラマン語（ベルギーで話されるオランダ語）話者が大多数を占めており、フランス語を話す南部のワロン地域とは文化的なバックグラウンドが異なる。重工業で経済をリードしたワロン地域だったが、第二次世界大戦後になると産業が徐々に斜陽ぎみになり、反対に、外資を取り入れて技術革新を進めたフランデレン地域で産業発展が進んでいった。一九六〇年の冬、当初は製造業の衰退が起因となってゼネラル・ストライキが起きたのだが、ワロン地域ではそれが徐々に民族主義的な様相を帯びて、自治を求める要求へと変わっていった。

リエージュでは、社会主義的な傾向のつよいアンドレ・ルナールが人びとを率い、労働者を中心とする人びとは街頭へでて盛んにデモをおこなった。当時、ダルデンヌ兄弟は少年にすぎなかったが、労働者が街頭にくりだす革命さながらの騒ぎは記憶に焼きついたことだろう。鉄道駅が占拠されるなどの暴動が起きたあとで、ゼネストは収束にむかい、選挙がおこなわれるなかで革命の熱は急速に冷めていった。ダルデンヌ兄弟の初期のドキュメンタリーがミリタント・ヴィデオ（闘争ヴィデオ）というかたちをとったことを理解するためには、彼らがワロン地域出身のフランス語話者であるというエスニシティと、一九六〇年から六一年にかけてのゼネストにおいて、社会主義的な理想を押し進めようとした地域で成長した精神風土をもつという、ふたつの面を知っておく必要がある。

## ミリタント・ヴィデオ

ダルデンヌ兄弟の研究書を書いたジョセフ・マイは、いくつかのインタビューを参照しながら、ふたりの青春時代の挿話をこんなふうに描出する。一九五〇年代から六〇年代にかけての時代、ふたりがサッカーの試合をしていると、スランの工場からでたけむりがあまりにひどく、試合が中断するくらい大気汚染が深刻になっていた。また、景気後退が進んで失業者が増え、ムーズ川に身を投げて自殺する人もでていた。ダルデンヌ兄弟の父親は労働者を雇う側のホワイトカラーだったので、典型的な労働者の家庭ではなく、地元のコミュニティからは少し浮いているような存在だった。兄弟はスランの町で起きているできごとをそんな立ち位置から目撃していたので、それは「ガラス窓越しに」見ている感覚に近かったという。すなわち「兄弟の初期におけるヴィデオ作品は、それらの人たちをもっと理解したい、ほとんど救いようのない状況のなかにいる彼らの願望と要求にかたちを与えてみたい、という思いに動機づけられていた」とマイは解説している。[2]

一九七〇年代に入ってからだと思われるが、ダルデンヌ兄弟は、やはりリエージュ州のムーズ川沿いにあるティアンジュ原子力発電所の建築現場において三ヶ月ほど働き、その賃金でソニーのポータパックという初期の民生用ヴィデオカメラを手に入れた。映画作家になろうと思っていたのではなく、社会的な活動にそれを利用しようと思ってのことだった。一九七四年頃にはコレクティフ・デリーヴ（漂流する集団）というヴィデオ・ワークショップをはじめた。この動きには、一九六八年のパリの五月革命以降にジャン＝リュック・ゴダールとジャン＝ピエール・ゴランが立ちあげたジガ・ヴェルトフ集団や、クリス・マルケルが中心になったメドヴェトキン集団のように、社会主義的な理念に共鳴する集団製作の試みと時代的に共振するところがあったのだろう。この時代にダルデンヌ兄弟が製作したヴィデオ・ドキュメンタリー作品は、散逸して観られない作品もある。それらの作品に共通するのは、社会的にマージナルな位置におかれた人びとが抱える問題を、ヴィデオを使ってより多くの人たちに知ってもらおうとする姿勢だった。

その後、ダルデンヌ兄弟のコレクティフ・デリーヴは公的に非営利組織として認められ、「労働者の歴史――一九三六年から現代におけるリエージュ地域の社会運動」というプロジェクトで助成金を獲得して、一九七八年から八一年にかけて数本のドキュメンタリー作品を製作した。[3] そのなかで、わたしたちが観ることができる最古のもののひとつが『レオン・Mの船が初めてムーズ川を下る時』（一九七九）という、ムーズ川を舞台にする中編の作品である。モノクロで川を撮ったジャン・ヴィゴの『アタラント号』（一九三四）とも比肩できる美しい川の作品になっている。映画の冒頭、ムーズ川の水面にボートのエンジンが波を立てるショットが示され、大きな船からおろされてレオン・メイジーのボートが着水し、処女航海にでる。それに続く映像とヴォイスオーバーによれば、レオンはスランの町にある自分のガレージで一五ヶ月かけてこのボートをつくった。彼は見習い時代を経てスランの技術学校の機械科にかよい、ガレージの機械工の実習生になって、その後の三三年間は、溶鉱炉の主任としてスランの製鉄所や圧延工場でずっと同じ仕事をしてきた。

ここで興味ぶかいのは、ダルデンヌ兄弟が映像とヴォイスオーバーを使って、レオンがずっと働いてきたスランという町の風土を手短に紹介するシーンだ。「草むらのそばに廃棄された鉱滓が山積みになった風景があり、トーテム群のような煙突がけむりで空を染める。そして、ボートがムーズ川の工場と工場のあいだを漂っている」と声は説明する。それから、レオンは黙々と自分のボートを組み立てたあとで、ムーズ川にボートを着水させる。舳先が水面を切り、船体が川の水面をすべるように進んでいく映像は、時間軸に沿って未来へとむかうことの象徴のようだ。それらの一連の映像のうえに、「闘争の未来とは何か」という声がヴォイスオーバーでかぶさる。映画が進むにつれ、レオンが五〇年代から労働運動に参加し、一九六〇年代のゼネストをたたかった闘士であることが次第に明らかになってくる。ダルデンヌ兄弟が書いたヴォイスオーバーの言葉が主張するのは、ムーズ川の水面に反映して見えるスランの町は、ずっと労働条件をめぐって抵抗闘争をつづけてきた場所だということだ。ボートを操縦しながら、次のようにレオンは語る。

「一九六〇年の一二月一四日、わたしたちはともに行動を起こし、橋を渡りながら行進して、ここスランでデモンストレーションを組織した。そのデモでは既成の制度に抗議したよ。この地域のあらゆる労働者が参加した。リエージュでも、エルスタルでも同じことが起きた。サン・ランベール広場に集合して、リーダーたちが集まった民衆に対してスピーチをしたんだ」

ここでは、レオンをカメラの正面にむかせ、カメラの背後にひかえる撮影者がインタビューをするという、ドキュメンタリーに典型的なショットをダルデンヌ兄弟は周到に避けている。その代わりに、登場人物のななめ後方にカメラを配置して、何かにむかっていま行動している人物の側に寄りそうようにして、彼／彼女が見ている光景を「ともに」とらえつつ、その人物の内側からでてくる声に耳をすませようとする。その人物に対して客観的でもなく主観的でもない、「準―主観ショット」とでも呼ぶべきカメラの位置は、後年における『ロゼッタ』（一九九九）や『息子のまなざし』（二〇〇二）といった、彼らの劇映画における特徴的なショットを予兆しているかのようだ。

『レオン・Mの船が初めてムーズ川を下る時』という作品は、一九六〇年のゼネストに参加したさまざまな人たちにインタビューをしながら、そこに当時のデモや集会を撮った記録映像をインサートしていくことで、労働者たちの記憶をよみがえらせる。たとえば、サン・ランベール広場の集会に参加して、当時「労働者の声」という新聞を編集していたエドモンドという人は、アンドレ・ルナールが演説するのを聴いたと興奮ぎみに証言する（なお彼は『戦争が終わるには壁が崩壊しなければならない』［一九八〇］という兄弟の別作品においては、「デモにあらわれていたのは完全に新しい精神であり、わたしたちが活き活きとしていた、もっとも輝かしい時代だった」と当時を振り返ってもいる）。そのような過去の記憶を抱えている人たちのひとりとして、レオン・メイジーという人がいろいろな思いを抱えながら、ボートを走らせていることがだんだん理解されてくる。

そうはいっても、この映画は一九六〇年のゼネストに参加した人たちを、ただ称揚するだけにとどまらない。アンドレ・ルナールやほかのリーダーたちが集会でスピーチをした場所を再訪し、二〇年後のその場所の風景を映しながら、「レオンのボートはまだそこへむかっているといえるのか。（……）これがレオン・メイジーがその川とカモメにたずねる問いだ」と疑義を呈する。そして、映画のヴォイスオーバーの声は、ほとんど詩を朗読するようにして、現在のレオンが抱えているであろう疑問を「川」や「ボート」に託して語る。

「その川はなんというだろう。見かけとは裏腹に、波のうえにまたたく光の星々が、新しい太陽の反射ではなく、瓦解した太陽の名残にすぎないのだとしたら」

「いったいこのボートはどこへむかうのか。ユートピアという名の岸辺へか、それとも岸辺のない海原へか。(……)レオン・メイジーは彼のボートのたどり着く岸をさがしている」

この中盤におかれたシーンを検討するだけでも、ダルデンヌ兄弟が最初期に撮った『レオン・Mの船が初めてムーズ川を下る時』というミリタント・ヴィデオが、ただの社会派ドキュメンタリーの枠におさまる作品ではないことは明白であろう。しかし、そこに発露している詩情がやがてかたちを変えて、社会のマージナルな位置へと追いこまれている人たちの物語を映像によって語る行為や、映像によって彼(女)らの内面や感情を描こうとする段階にまで高まってくるのは、まだまだ先のことである。

## 『あなたを想う』

一九九〇年代の初頭、ダルデンヌ兄弟の年齢は四〇代にさしかかろうとしていた。自分たちが生まれ育ったムーズ川流域の製鉄所と、そこで働く労働者の家族を描いた『あなたを想う』を一九九二年に完成したが、それは最初から高い評価を得たわけではなかった。ワロン地域における労働者の家庭が崩壊していくさまを描くという、そのテーマや物語が地味だととらえられたのか。九二年の七月にテレビ放映されただけで、映画の配給会社や映画雑誌や批評家からは冷淡にあつかわれた。そうはいっても、その後のダルデンヌ兄弟の映画作家としての輝かしいキャリアを知り、彼らの作品における地域的な風土に注目しているわたしたちからは、この『あなたを想う』という長編劇映画ほど興味ぶかい作品はないといえる。

映画の前半、妻のセリーヌが車で子どもを迎えに行く。その車がとおる道路には、頭のうえに「計画にはノーを!」という横断幕が掲げてある。これが導入となって、次の場面では「スランに栄光あれ」という幕がはられた建物のまえに、労働者たちが集まって集会を開くシーンにつながる。そこでスピーチをするのは小さな女の子である。「わたしたちは大きくなって仕事をさがすために勉強しなくてはなりません。でも、そのときに工場やお店が閉まっていたら、何の意味があるでしょう。わたしたちスランの子どもは、親と一緒に今日ここに集まりました。親が労働者とともに闘っているのは、私たちのためだからです」と演説し、聴衆から拍手喝采を浴びる。製鉄所はいざストライキに入ろうとするのだが、主人公のファブリスたちが「ここ二ヶ月、経営側は労働組合を裏切りつづけた、もうストしかない」と主張するのに対し、「仕事が必要なんだ」と反対する者もでてくる。

一九六〇年のゼネストのときとは時代が変わってしまい、九〇年代の前半では、鉄鋼業を中心にしてきた産業構造それ自体が転換を迫られていた。ムーズ川流域の工業地帯における六〇年代と九〇年代の差異が、『あなたを想う』という映画のストーリーの随所に反映されている。ファブリスは別業種への転職の誘いを断って、斜陽産業である製鉄所の仕事を失い、やりがいのない採掘場のガードマンの仕事につく。持ちまえのプライドが邪魔して、愛する妻のセリーヌに失業のことを秘密にするが、ふたりでダンスパーティにでかけた夜にとうとう打ち明ける。その後、ファブリスは人が変わったようになる。仕事を失ったことで自信を喪失し、昼間からぶらぶらし、妻に八つ当たりする。酒びたりになって、好意を抱く男たちと妻が不倫しているのではないかと疑心暗鬼におちいる始末だ。映画の後半になると、ファブリスは家族のもとから失踪してしまうが、最終的には妻に発見されて、息子が参加するカーニバルの日に帰ってくる。

『レオン・Mの船が初めてムーズ川を下る時』は、一九六〇年のゼネストに参加したムーズ川流域の労働者がどのような葛藤を抱いているのか、その内面の声に迫ろうというドキュメンタリーであった。それに比べると、『あなたを想う』では世代が変わり、鉄鋼産業の衰退は目に見えていて、ストライキによってほかの労働者や仕事仲間と連帯感をもつことができるような状況ではもはやない。その代わりにファブリスが直面するのは、荒々しいグローバル化の波という新しい現実である。妻のセリーヌが熱心に勉強する英語教室で表彰され、妻の誘惑者としてジャックというイギリスのマンチェスターからきた男が登場することにも象徴されるように、グローバル化の影はひたひたと家庭のなかまで忍びこんでくる。

印象的なのは、主人公のファブリスが失踪する直前のシーンにおける映像である。明け方の寒そうなムーズ川の水面に、うっすらと霧が立ちのぼる。息の長いワンショットでカメラは左にパンしていき、妻が眠っている寝床をあとにしたファブリスがムーズ川をじっと見つめている姿を映す。そして、川を見おろすテラスに彼が立っているショットでフェードアウトする。それだけの映像によって、彼が家族のもとをはなれて失踪したことを暗示するのだが、観客はファブリスが入水自殺でもしたのではないかと不安になる。ムーズ川の流れは、ファブリスの仕事と家庭生活が絶頂にあるときも、それがどん底におちいってしまうときも変わることなく、静かに水流でその土地を満たすだけなのだ。

## 『ヨナタンを見よ：ジャン・ルーヴェ、その仕事』

このように、初期のミリタント・ヴィデオも『あなたを想う』のような劇映画も、ジャンルのちがいを越えて、リエージュやスラン近郊の製鉄所やムーズ川流域に暮らす労働者たちの姿を描いている。『あなたを想う』は物語映画であるが、ここに登場する要素をばらばらに抽出して、断片のままでランダムに接続していけば、『ヨナタンを見よ：ジャン・ルーヴェ、その仕事』（一九八三）のような実験的なヴィデオ・ドキュメンタリーになるのかもしれない。同作は、記録映像やインタビュー、映像インスタレーションと朗読、そして俳優が演じる演劇をも自由に組みあわせた過渡期の作品であり、芸術性という観点からすれば、ダルデンヌ兄弟の初期のドキュメンタリーのなかでは群を抜いて質の高い作品だといえるだろう。

『ヨナタンを見よ』の最初の一〇分くらいを見てみよう。冒頭のシーンで、ダルデンヌ兄弟はムーズ川の水面を固定のショットで撮り、その上に映画タイトルの文字をインサートする。そこからカメラは斜めにパンアップしていき、川辺にある製鉄所らしき工場とムーズ川を移動する船舶を見せ、さいごに工事現場を映してカメラの動きは止まる。どうしてここまで、ムーズ川と工業地帯にこだわりつづけるのか、ふしぎでならない。次にリングの上でひとり練習をするボクサーを撮ったロングショットの映像が映されて、ヴォイスオーバーの声が「一九六二年、ラ・ルヴィエール市のプロレタリア演劇の団体が最初に発表した劇は、ジャン・ルーヴェによる『良き主の列車』であった。それはカフェの奥の部屋や、リングが取り除かれたボクシング場のホールなどで上演された」と語る。

つづいて、廃墟となった工場の外観とそのまえを走る列車を見せたあと、カメラはがらんとした工場内、あるいは倉庫のような場所に入る。そこには、キッチン台、テーブル、椅子、ソファといった家具がおかれており、それをロケセットにしてジャン・ルーヴェの演劇の一幕が演じられる。舞台セットの中央に座って本を読む子どものヨナタンがいる。そのまわりで、父や母やほかの大人が、リエージュやスランの町における典型的な労働者家庭を思わせる設定で、工場労働について、戦時中の貧しい食生活について、父が戦争から帰ってきたときの記憶について、そして子どもの可能性を広げるための学校教育について語る。一九四六年にワロン地方のヨナタンの家庭で交わされた家族の会話というかたちで、俳優たちはジャン・ルーヴェの『ワロン地方での会話』という芝居を演じている。[4] おもしろいのは、工場内にしつらえたロケセットで俳優たちが演じるさまを、ヴィデオカメラが左から右へ、右から左へと機械的な往復運動をしながら記録していることだ。

次にくるシークエンスでは、この地域におけるカーニバルに参加した人びとが、小太鼓を叩き、ステップを踏み、仮装して踊る様子を、クロースアップを多用した断片的な映像で見せる。それらの断片を接続するようにして、朗読のシーンが展開する。一九六〇年のゼネストの写真を大きく引き伸ばして展示し、複数台のヴィデオモニターに映像を映す、写真と映像を使ったインスタレーション作品のようなセットがある。そのなかで、ひとりの男が朗読する言葉が、インサートされるカーニバルの映像をつなぎ合わせる。『ヨナタンを見よ』という作品はほとんどナラティブを持たないが、そこに登場する各要素はのちに劇映画の『あなたを想う』で展開されるものばかりだ。ムーズ川の風景、製鉄所などの工場、リエージュやスランを思わせる労働者の家庭、その地域の伝統であるカーニバル、一九六〇年のゼネストの記憶……。

『ヨナタンを見よ』は、『レオン・Mの船が初めてムーズ川を下る時』と同じようにミリタント・ヴィデオのジャンルに入るだろうが、その表現の方法がかなり異なっている。記録映像やインタビュー、インスタレーションをまえにした朗読、俳優がセリフを読む演劇的な場面など、意図的に異なるレベルの映像を組みあわせている。それだけにとどまらず、そこへ内省的なヴォイスオーバーがかぶせられ、警句のような文字テロップも入る。ダルデンヌ兄弟はスランの町におけるホワイトカラーの家庭で育ち、労働者の人たちを理解したいと考えて、キャリア初期のドキュメンタリー群ではゼネストの記憶や労働者の雇用問題をテーマにして撮った。しかし、そこには自分たちが当事者ではないという葛藤がつきまとう。その屈託したありようがそのまま表出されたのが、おそらく『ヨナタンを見よ』ではないか。それがフィルモグラフィのなかでも特異な輝きを放つ、アヴァンギャルドなヴィデオ作品となっている理由なのであろう。

1　Joseph Mai, *Jean-Pierre and Luc Dardenne*, University of Illinoi Press, 2010, p.3.

2 同前、p.4.

3 同前、pp.10-11.

4 同前、p.21.

# ダルデンヌ兄弟の異色作にして原点『ファルシュ』

渋谷哲也

ジャン＝ピエール&リュック・ダルデンヌ――いわゆるダルデンヌ兄弟の監督作は、『イゴールの約束』（一九九六）以降の作品で知られる通り、社会の周縁で苦闘する人々の罪と道徳的葛藤を執拗に追いかけるスタイルを特徴としている。監督らが強く影響を受けたというロベルト・ロッセリーニの『ドイツ零年』（一九四八）とシネマ・ヴェリテを合わせたような作風だが、実際のところ、俳優によって演じられドラマの展開など作劇の妙を随所に感じさせる点で、明快にフィクション作家だといえる。

一方で彼らの映像製作の出発点がビデオ・ドキュメンタリーであったという点に着目すると、記録からフィクションへの移行がどのような意義を持つのかが見えてきて興味深い。ダルデンヌ兄弟のドキュメンタリー作品は映像や写真や文字テクストを自在にモンタージュし、音声においてもナレーションや伴奏音楽をジャン＝リュック・ゴダールのように対位法的にコラージュしたり、撮影された映像と現場のオリジナル音声をシンクロさせずに用いるなど、すでに作為的な演出が多く見られる。つまり記録よりも構成する意志が目立ち、むしろクリス・マルケルとの共通点を思わせる。またドリー撮影によりゆっくりと横移動を重ねるカメラは、『夜と霧』（一九五六）や『ヒロシマ・モナムール』（一九五九）におけるアラン・レネの演出を想起させる。初期作品において、ダルデンヌ兄弟の画面構成やモンタージュの技法はすでにフィクション映画を志向していたように見えるのだ。

ただし題材そのものは、監督たちにとって身近なベルギーの地方文化や欧州社会や歴史から取られている。後年のフィクション映画においてもこの姿勢は一貫しており、その意味で極めて地域性の強い作家だといえるのだが、だとするとダルデンヌ兄弟の劇映画デビュー作『ファルシュ』（一九八六）はいささか特殊な位置にある。この映画はナチスドイツ時代にベルリンに住んでいたユダヤ人一家のその後の運命を回想的に物語る群像劇である。とはいえ各登場人物の被ったユダヤ人迫害の内実が詳細に説明されることはなく、まるで夢の中の出来事のように外界から隔絶された舞台が設定され、様々な過去の事情で命を落とした家族たちの再会の宴が繰り広げられる。つまり本作の主題は死せる魂の邂逅である。ダルデンヌ兄弟に一貫した特徴である、地域や具体的な人物に根差したリアリスト的態度とは対照的な作りなのだ。

また撮影手法も、ダルデンヌ兄弟のその後のスタイルとは異なっている。出世作となった『イゴールの約束』以降の作品では俳優のリアルな日常の動きや表情を間近に追跡する手持ちカメラでの撮影が中心だが、『ファルシュ』は固定カメラでの撮影と滑らかなドリーショットを基調とする。ただしロングとアップの対比的な並列など、後のダルデンヌ兄弟の撮影手法に繋がる特徴も見られるが、本作ではそうした技巧がまるでライナー・ヴェルナー・ファスビンダー風の様式化された演技や画面構成の試みとして、演劇を映画的に演出するエチュードのような印象も与える。本作に登場する幽霊たちの立ち居振る舞いは第二次世界大戦以前の優雅な市民社会の残り香を留めている。強制収容所の恐怖や戦時下の爆撃など、その以後に起こった惨劇を想起させるような外見的痕跡は一切登場しない。

ダルデンヌ兄弟はなぜこの題材を選んだのか。主題の連続性を見出すことは可能だ。とりわけ本作の前に発表された二本のドキュメンタリー作品に注目したい。一つは『移動大学の授業』（一九八二）という五つのエピソードからなる短編ドキュメンタリー集である。そこにはポーランドに出自を持ち、様々な時代に故国を離れてベルギーに移住または亡命した人物や家族の証言が集められている。当時は社会主義国であったポーランドの労働者運動という、ダルデンヌ兄弟が中心的に関わってきた主題が取り上げられるが、それのみにとどまらず、ポーランドに根深く残存する反ユダヤ主義についても取り上げられる。なかでもレッスン2ではポーランド出身のユダヤ人が証言者となり、二〇世紀初頭からナチス占領下、そして戦後におけるソ連支配へと続く状況下でユダヤ人への迫害が形を変えて継続していたことが証言される。『ファルシュ』の原作戯曲の作者は、ポーランド出身の亡命者二世のベルギー人作家ルネ・カリスキーである。彼は自身の両親についての伝記的要素を加えながら『ファルシュ』を執筆した。カリスキーとその戯曲については後述したい。

ではダルデンヌ兄弟が最初の劇映画で戯曲の映画化という一見意外なテーマに取り組んだのは何故か。それは『移動大学の授業』に続くドキュメンタリー作品『ヨナタンを見よ：ジャン・ルーヴェ、その仕事』(一九八三)にヒントがある。

ジャン・ルーヴェはベルギーのワロン地方の作家で、『ヨナタンを見よ』は一九六〇年のストライキとその後の顛末を書いた彼の戯曲を紹介する作品である。映画中には舞台セット内で戯曲が演じられる場面、ルーヴェ本人が戯曲を朗読する場面、字幕として映されるテクストなどが交差し、そこに作家自身へのインタビューが挿入される。ここでは戯曲を映像化する試みの多様性が記録されている。撮影は固定カメラとドリーショットを基調とし、舞台上演や朗読パフォーマンスを記録するという性格が強い。フィクション演出の形には至っていないという意味でもドキュメンタリー的である。ダルデンヌ兄弟のシネアストとしての挑戦が、次作において戯曲を翻案し映画化することに向かわせたといえる。

映画『ファルシュ』の具体的考察に入る前に、ダルデンヌ兄弟の映画作家としての位置づけについて確認しておきたい。彼らが現代を代表する映画作家であることに疑いの余地はないだろう。だがその作家性は作り手個人のアイデンティティの表出へと向かうというより、むしろ自身の生きる社会環境を観察しその問題にいかなる解決の糸口を見出してゆくかという、教育的プログラムの実践のような特性を備えている。その意味では伝統的な左翼プロレタリア文学やブレヒト演劇の流れを汲むとも言えるのだが、それだけではダルデンヌ兄弟の作家性は捉えきれない。一九四〇年代のイタリアにおいて、反ファシズムの文学・映画運動として「ネオレアリズモ」が興隆したとき、何より作り手たちのナショナル・アイデンティティが確たる共通基盤をなしていた。また、五〇年代英国のフリーシネマ、フランスのヌーヴェル・ヴァーグ、六〇年代以降のニュー・ジャーマンシネマや、六〇年代後半からのアメリカン・ニューシネマなどにおいては、個々の監督たちが自身の個人的な嗜好、感性、思想を映画に刻印しつつも、さまざまな映画が集合体として重なり合うことでナショナル・シネマが形成されてきた。しかし、八〇年代以降は、政治的な保守化や社会の多様化が進んだこともあり、個人的なことが政治的なことに直結するニューシネマの当事者性と普遍性の交差は次第に希薄になってきた。

かつてのニューシネマは既存の制度や伝統という眼前の敵を持ちそれを破壊することが表現の独自性を生み出していたが、その反乱の季節に続く若い映画作家たちは自らの映画スタイルを新たに構築することが課題となったのではないか。一九五〇年代生まれのダルデンヌ兄弟は世代的にかつてのニューシネマの作り手に近いが、作家としての個性の透明性は新しい時代の傾向に近いと思える。すなわち九〇年代の「ドグマ95」や、二〇〇〇年代の「新ベルリン派」などが想起される。例えばラース・フォン・トリアーの題材はいつも寓話性を纏っており、具体的な地域や個人と直接結びつかない作風を特徴とする。またクリスティアン・ペッツォルトは、ドイツの現代史に向かいながらも自身のアイデンティティとの関連を敢えて前景化しない物語を作り出す。そこには『ファルシュ』のようなユダヤ人の記憶という極めて当事者性を問われる題材を取り上げながらも、作り手の個人史を安易に投影することなく、作品の様式性の内に頑なに留まる態度と共通するものがある。

『ファルシュ』における主人公と家族の運命は原作者カリスキーの経歴と強く結びつくものであり、ダルデンヌ兄弟はそれを翻案して伝えるメディウムの役割に徹している。そこに監督自身の伝記的要素が秘かに織り込まれているのかどうかは定かではないが、むしろそうした個人史の刻印とは別に作家性が成立することに注目したい。この映画には独自のスタイルがすでに備わっており、ダルデンヌ兄弟にとっては、フィクション演出のための単なる腕ならしを超える作品が生み出されたということだ。それでは以下に本作の内容を掘り下げて考察してみよう。

映画はある小さな空港が舞台だ。暗いエントランスロビーにローラースケートを履いた男が登場し、照明や看板の灯りをつけてゆく。そこに上手側から別の男が現れて、二人はさりげなく互いに挨拶する。ローラースケートの男が「音楽を、ベン」と叫ぶとポップス調の曲が流れ始めて彼は踊り出す。場面が転換し、屋上では望遠鏡に少女が走り寄って上空を見る。一機の飛行機が次第に高度を下げてくる。別の女が期待に満ちた表情で上空を見つめる。また空港のフェンスの外をタクシーが走ってきて、下車した一人の若い女性がフェンス越しに飛行機を見つめ、「ヨゼフ」とつぶやく。

飛行機が着陸し、タラップに出てきたのはすでに初老に近い男性だ。彼以外に人の姿はなく、よろめきながら地面に降り立つとそのまま倒れ伏し、「父さん、聞いてくれ」とつぶやく。この男が物語の主人公ヨゼフ・ファルシュである。空港周辺は霧に囲まれて景色が見えず、まるで無人地帯のようである。また利用客のいない空港ロビー内の広々とした空間は青や黄色などの人工照明や売店のネオンサインに彩られ、まるで舞台セットのように見える。原作が舞台作品であることを如実に示す導入部分である。

この空疎な舞台に一人また一人と人物が集まってくる。人物たちは芝居がかった身ぶりや物腰で、年配者たちはブルジョワ風のスーツやドレスを身に着け、若者たちは現代的でラフなファッションをしている。表で倒れていたヨゼフはストレッチャーに載せられてロビーに運び込まれる。彼を出迎えるのはタップダンスを踊って登場した父ヤコブであり、スーツに蝶ネクタイの上品で肥え太った姿はヨゼフより年下に見える。そこに先ほど車から降りた女性が表のガラス扉から入ってくる。彼女はヨゼフの恋人リリーだ。最初ヨゼフは自分がどこにいるのかも、目の前にいる人物たちの詳細も分からない。しかし、次第に記憶を取り戻すように彼らの存在を認識してゆく。ヨゼフはこの家族の集まりにようやく加わったばかりなのだ。

ファルシュ一家は元々ドイツの首都ベルリンに暮らしていた。ナチス政権下の一九三八年、当時青年だったヨゼフは兄弟二人と共にニューヨークに亡命するが、その他の家族はベルリンに残る。それから三〇年の年月が経ち、ヨゼフただ一人がこの空港に戻ってくる。だがそこは故郷のベルリンではない。空港に集まってきたヨゼフの家族たちは放蕩息子の帰還を祝ってパーティとなる。最初にベンと呼ばれていたのは、ベルリンに残ったヨゼフの弟である。さらにヨゼフの母ラケル、母方の叔母ミナ、長兄オスカルとその妻ダニエラ、父方の叔父ルーベンとその妻ナターリア、そして冒頭で望遠鏡を覗いていた幼い妹ベラが勢ぞろいする。ヨゼフと一緒にニューヨークに渡った弟の画家ゲオルクとコメディアンのグスタフもいる。ローラースケートで踊っていたのはゲオルクであり、グスタフは顔を黒塗りにしたミンストレル・ショーの扮装をしている。そこに唯一血のつながりがない非ユダヤ人のリリーが外からタクシーで乗り付けてくる。

それぞれの登場人物をめぐるエピソードは映画が進む中で少しずつ明かされてゆく。ただし、上演すると四時間に達する原作の長編戯曲が映画では八〇分に圧縮されており、詩的かつ断片的な台詞によって各登場人物の運命が暗示されるにとどまる。映画ではナチス政権下から戦後にかけて一家が辿る運命をコンパクトな描写で並置することにより、ユダヤ人迫害とディアスポラの歴史的パノラマを描いてみせるのだ。冒頭のヨゼフの到着は彼が亡命先のニューヨークで亡くなったばかりで、その魂が家族の集う空港に運ばれてきたということだ。集まった他の人々の容貌は、亡くなった当時の年齢を刻印している。父と母、ゲオルクとグスタフ以外の兄弟と妹はドイツに残り、その後強制収容所に送られたため若くして命を落とした。だがその死の詳細はほとんど語られず、いわんや過去の回想シーンも一切登場しない。ベルリンでドイツ人社会に溶け込んでいた頃の思い出が語られるだけである。むしろナチス政権が誕生して以降敢えてユダヤ人のアイデンティティを確認するように宗教的儀礼を行い始めたことが揶揄的に述べられる。本作はナチスによるショアーの凄惨な事実を後世に伝えようとする数多くの映画やドラマとは異なり、むしろユダヤ人としての特性が時代の中でいかに変化しつつ継承されたかを考察することが本題となる。

この物語中で具体的に言及される年は一九三八年だけである。ヨゼフが何故亡命を決意したのかについては曖昧にしか語られないが、理由は恋人リリーにあるようだ。彼女はドイツ人であり、彼女の父はナチ党員だった。一九三三年にナチス政権が誕生し三五年にはニュルンベルク人種法が施行され、ユダヤ人が非ユダヤ人と婚姻関係を結ぶことは法的に禁止された。つまり、ヨゼフとリリーは許されない関係を築いていた。再会した二人はかつて夜の公園で情熱的に愛し合ったことを思い出す。だがヨゼフは彼女のために身を引いたというだけでなく、彼自身が自由を求めてドイツを逃げ出したようでもある。

ヨゼフの父母をはじめ、多くの親族たちはドイツの地に馴染んでおり、ベルリンでの生活を捨てることは考えなかった。父ヤコブは医者だったがナチス政権下で職業への従事を禁止される憂き目にあう。だが彼は自分からドイツを逃げ出してヒトラーを喜ばせたくないと残ることを決心した。また弟ベンは音楽を学び、ヨゼフが出国する日に初めてコンサートで指揮台に立った。この場面は空港のロケーション内で再現される。飛行機を背景に屋外に立つベンがタクトを振ると音楽が流れはじめ、彼は目を閉じて動きを止める。小さな待合室の中には弦楽奏者たちが並ぶが、ガラス越しの彼らも凍り付いたように身動きをしない。活人画のように過去の一コマが回想される美しい場面だ。流れる音楽はユダヤ人作曲家アーノルト・シェーンベルクの『浄夜』である。この曲は映画の他の場面でもライトモティーフのように流れる。当時のドイツでオーケストラ活動を特例的に認められたユダヤ人演奏家がいたことは知られているが、ユダヤ人の指揮者やユダヤ人が作った楽曲が公の演奏会で容認されることはあり得たのだろうか。この場面は不条理な願望夢とも思える不気味さをも孕んでいる。

その他に音楽が印象的に用いられるのは、再会した一家がそれぞれ組になってワルツを踊る場面だ。流れるのはヨハン・シュトラウス二世の『皇帝円舞曲』で、ドイツ・オーストリアの貴族的な伝統文化を際立たせる曲である。こうした対照的な選曲の中に同化と民族固有性の間の揺らぎが感知できるようになっている。

ヨゼフが亡命した一九三八年は、ドイツに生きるユダヤ人にとって象徴的な年だといえよう。この年の一一月九日から一〇日にかけ、ドイツ中でナチスだけでなく一般市民までもがユダヤ人を大規模に襲撃する事件が起こった。破壊された家のガラスが割れて路上に飛び散った様子から「帝国水晶の夜」と称されてきたが、現在ではその美的な表現が事件の残虐さにそぐわないとして「一一月ポグロム」等と呼ばれることが多い。この出来事は、それまで普通に親しく隣人同士の付き合いをしていたドイツ人が突然ユダヤ人を襲って路上に引きずりだし屈辱を与えたもので、戦後生き延びたユダヤ人たちの間でも、「この夜がもっとも恐ろしい体験だった」と語られるほどトラウマ的な事件となった。おそらくヨゼフたちがベルリンを去ったのはこのポグロム以前だったのだろう。ナチス時代におけるユダヤ人の迫害は段階的に進んでいったために、亡命した者たちは、祖国の同胞が味わわされた悲惨な経験を共有することがなかった。この共有の欠落は、残された者たちと逃げ延びた者たちの間での明確な境界線をひくことになる。映画中でドイツに残った者たちは、強制収容所に連行され、雪の降る厳寒の中を裸にされて追い立てられた経験を言葉少なに語る。そのとき彼らは空港の外の闇の中を横一列に並んで立つという演劇的な配置を取り、彼らが朗誦するように語る顔のアップをカメラは横移動で順々に捉えてゆく。その背後にある飛行機のタラップでは、ドイツを脱出できた者たちが一列に並び、振り返って彼らを見下ろしている。この象徴的な構図と極めて抑制された言葉、もしくは沈黙によって同じユダヤ人の間の差異が際立つのだ。

ドイツに残った人々も危険に気づかなかったわけではない。ヨゼフの母の妹ミナは、実は父ヤコブの愛人だった。ミナはヤコブにベルリンから逃げ出そうと持ち掛けたが相手にされなかった。結局彼女はヨゼフの渡米資金を提供して脱出を助けた。ヨゼフと父ヤコブについて印象深い対比がなされる。「息子はドイツ娘を愛したが、父親はドイツを愛した。お前は肉の罪を犯したが、彼は魂の罪を犯した」。また長兄オスカル夫婦はベルリンの裕福なシャルロッテンブルク地区に宝石店を構えてドイツ人並みの生活を送っていた。だが彼らも幼い妹も強制収容所送りを免れることはなかった。

父ヤコブの弟であるルーベンと妻ナターリアはヤコブより年配に見える。彼らは服飾業を営み、ドイツ軍制服の受注で利益を得た後にドイツを脱出した。その後パレスチナに渡ったのだがユダヤ人の約束の地にはなじめず、戦後再び慣れ親しんだベルリンに戻ってくる。爆撃で破壊されたベルリンにかつての面影はなく、以前の隣人たちも彼らを憶えていないという。それに対して戦後を知らぬヤコブは「彼らは憶えていないにしても、忘れてはいない。それは同じじゃない。彼らは私たちがいなくなって寂しかったのでは？　さもないと君はそこで生きることに耐えられなかったろう」と尋ねると、ルーベンは言う、「死ぬのにだって耐えたさ」。ここではナチス時代以降もドイツでマイノリティとしてのユダヤ人の苦境が続いていたことが暗示される。

一方、アメリカに亡命した兄弟たちの生活も順調だったとは言い難い。顔を靴墨で黒く塗り、カーリーヘアのかつらをつけたグスタフは、アル・ジョルソンの歌唱によるガーシュインの『スワニー』で踊ってみせる。だがメイクに隠された素顔を露《あらわ》にするため、ヨゼフはグスタフを化粧室へと連れ込み、墨を洗い流してかつらをはぎ取る。ブロードウェイで成功できなかったグスタフはハリウッド映画に活路を見出そうとしたが、彼本来の容貌と外国訛りに与えられた役は、皮肉にもドイツ軍兵士ばかりだった。結局彼は場末のミンストレル・ショー芸人となり、地下鉄に身を投げて死ぬ。一方ゲオルクもアーティストとしてワイルドな生活を送る中でドラッグに溺れ、ハドソン川に飛び込み自ら命を絶つ。根無し草となり、異郷で居場所を失う放浪の民の運命が彼らに重ねられる。

主人公ヨゼフはどうだろうか。放蕩息子として父たちの世界と自主的に決別し、アメリカに渡った彼は、よりによって父と同じく医者となる。どうやら子孫を作らなかったので彼がファルシュ一族の最後の一人となった。一族が全員そろって再会したのが、トランジットの場所を象徴する空港というわけである。原作戯曲の舞台はとあるバーになっているが、映画の翻案によって変更された。

ファルシュ一族はまさに二〇世紀ユダヤ人のディアスポラのショーケースであり、それぞれ断片化された台詞の背後に横たわる凄絶な歴史を読み取ることが求められるのだが、おそらくその背景の理解なくストーリーの筋書きを追うだけでは、演出コンセプトを理解することは極めて困難だろう。だがこの作品のもつ象徴的な構造を理解すれば、そこから様々な意味をくみ取ることが可能となる。

映画中二度だけ空港を離れて、海に浮かぶ巨大な客船を映すカットが挿入される。最初の挿入カットはかつて三八年にヨゼフたちがドイツを離れた時の船を想起させるが、二度目の挿入はラスト直前であり、それはたえざる漂泊のモティーフであると同時に、彼らが結局ユダヤの民を受け入れてくれる約束の地へと向かう船に乗れなかったことをも暗示する。ラストシーンでは空港ビルの屋上に出た家族たちがユダヤ人とドイツ人（ここではリリーに象徴される）の和解の可能性とその困難を語り、ヨゼフが父に向けた問いに回帰する。なぜベルリンを離れなかったのかと。だがその問いかけはもはや父には届かない。急に場面は転換し、冒頭飛行機を降りて地面に倒れたヨゼフの姿が映り、望遠鏡で見つめる幼い妹ベラのアップがストップモーションとなって映画は終わる。少女のまなざしの先にあるものは何か。死んだユダヤ人一家を置いて旅立つ船の向かう先なのだろうか。

戯曲作家のカリスキーは一九三六年ベルギー生まれだが、ポーランド系ユダヤ人の祖父の元を離れ十七歳で単身ベルギーに移住した父と、ポーランドからベルギーに亡命したユダヤ系の母との間に生まれた。カリスキーはジャーナリストとして活動した後、劇作家のキャリアを開始した。多くの作品をフランス語で発表し、挑発的な作品も多い。『ピエロ・パオロ・パゾリーニについての受難劇』（一九七七）は作家・映画監督パゾリーニが殺されるに至るまでを再構成しつつ、彼の映画のシーンを組み込むという技巧的な戯曲である。『ファルシュ』はカリスキーのユダヤ家系の伝記を反映すると同時に、主人公の「ヨゼフ」という名が示すように聖書の「ヨゼフと兄弟たち」のエピソードを下敷きにしている。聖書においては、カナンの地で父ヤコブに愛されて育ったヨゼフは異母兄たちの妬みを買い奴隷商人によってエジプトに売られてしまう。だがそこでヨゼフは成功してファラオに仕える有力者となり、逆に故郷に残った家族たちが長年の飢饉に苦しんでいるのを助け、最後には和解を果たす。しかし『ファルシュ』における息子と父の再会は、もはや手遅れの状況で実現される。カリスキーは本作を完成させることなく、一九八一年に四四歳で急逝した。一般には知られざるこの戯曲をダルデンヌ兄弟がいち早く見出し、八六年に映画化したことだけでも本作の意義は大きい。また、この長編第一作でダルデンヌ兄弟の後の主要テーマとなる家族と社会の葛藤を歴史的に掘り下げつつ道徳的な問題提起をする手法をすでに確立していることも見過ごせない。この野心作が日本で公開されることを切に希望する。

## 「ダルデンヌ・スタイル」以前の初期作品

吉田悠樹彦

ダルデンヌ兄弟（ジャン＝ピエール＆リュック・ダルデンヌ）の『イゴールの約束』（一九九六）以降の長編劇映画は、すべて日本で公開され、それぞれ高い評価を受けている。ただ逆に言えば、それ以前に制作された作品――長編劇映画二作品（『ファルシュ』［一九八六］と『あなたを想う』［一九九二］）、またフィクションに進出する前に制作された初期ドキュメンタリーは、特集上映などを除き、日本では現在に至るまで正式な劇場公開はなされておらず、日本語の資料も極めて少ない。では、それらはどのような作品であるのだろうか。

ダルデンヌ兄弟がビデオでの映像制作を開始したのは、彼らが二〇代にさしかかった一九七四年である。原子力発電所で働くことで得た資金で機材を買い、労働者階級の団地に住み、都市計画や土地整備の問題を扱うドキュメンタリーの制作を開始した。一九七五年にはドキュメンタリーの制作会社デリーヴを設立し、その活動に本腰を入れることとなる。とはいえ、彼らが映画を撮り始めたきっかけは映画監督を目指したことにあったのではない。社会的な活動に映像を利用しようと考えたことからだった。

そうした関心には、彼らが生まれ育ったベルギーのリエージュ州の道のりが大きく関係している。ベルギー南部のワロン地方に属するリエージュは、もともとは工業地帯として栄えていたが、やがてその衰退が訪れ、労働者たちは苦境に立たされることとなる。構造改革を求めた彼らはゼネラルストライキを起こし、ワロン地方では一九六〇年一二月から翌一九六一年一月まで五週間の暴動が続き、全体で数百名の負傷者、約一五〇〇名の逮捕者が出た。[1] 兄弟の少年期に沸き起こったこの運動は、社会への関心を養う上でふたりに大きな影響を与えたと推察できる。やがて成長した彼らは、労働問題を軸としたさまざまなドキュメンタリーを制作するようになった。後年の、製鉄所で働く労働者の家族を描いた劇映画第二作『あなたを想う』も、またそうした作品群の系譜に位置づけることができよう。

第二次世界大戦期におけるレジスタンス運動を扱った『ナイチンゲールの歌声』（一九七八）にはじまる一連の初期作品はミリタント・ビデオと呼ばれるもので、労働者を啓発する目的があった。以前はこのような役割は演劇が負うところが大きかったものの、メディアとしての映画やテレビの浸透により、次第に啓発の主軸は映像が担うようになっていった。その意味では、ダルデンヌ兄弟の歩みは、六〇年代から七〇年代という時代が産んだものであるとも言えよう。

彼らのドキュメンタリーは、かつての労働運動への参加者である老人が、自身が作った船での航行を通して当時を回想する『レオン・Mの船が初めてムーズ川を下る時』（一九七九）や、工場労働者たちによって発刊されていた地下新聞をめぐる『戦争が終わるには壁が崩壊しなければならない』（一九八〇）へと続く。また、彼らの関心は国内のみにとどまらず、自由ラジオ[2]を通して労働者たちが連携していく『某Rはもう何も答えない』（一九八一）では、イタリア語やドイツ語など多言語での放送が描かれ、その射程はヨーロッパ全体にまで伸びる。また、『移動大学の授業』（一九八二）では、ベルギーに暮らす五人のポーランド移民の証言から、ポーランドの歴史を浮き彫りにしていく。彼らが国を離れた背景には、第二次世界大戦時におけるユダヤ人の迫害やその後の旧ソ連の侵攻、ヴォイチェフ・ヤルゼルスキによる一九八一年の戒厳令などがあることが示唆され、移民という軸からの社会主義体制への批判が読み取れる。

同時に、その初期作品は、政治体制への批判や、労働者の啓発という視点のみで語ることのできるものではない。ダルデンヌ兄弟の道のりを語る上で重要となるのが、劇作家として活躍を重ねたアルマン・ガッティである。映画の制作に先立ち、青年期に舞台演出家を目指していたジャン＝ピエールはブリュッセルに移り、そこでガッティと出会った。やがて兄弟は、彼のもとで居候をはじめる。ガッティは日本でも訳されている「道路清掃人夫オーギュスト・Gの幻想的生活」などの演劇に加え、ヌーヴェル・ヴァーグの左岸派として、『エンクロージャー』*L'Enclos*（一九六一）などの劇映画も発表している。その作品は政治色の強いものでありながらもドラマティックな色も濃く、いわば社会的なメッセージと作家的な独創性をどのように同居させるかという問いを、ダルデンヌ兄弟はガッティから学んでいったのではないだろうか。

兄弟の最後のドキュメンタリーとされる『ヨナタンを見よ：ジャン・ルーヴェ、その仕事』（一九八三）は、彼らのドキュメンタリーの中でもっとも明瞭に演劇的な色を感じられる。本作は、劇作家のジャン・ルーヴェが執筆した戯曲を映像として昇華させる。戯曲は一九六〇年のストライキとその後の過程を描いたもので、その意味ではこれまでの作品の系譜に連なるとは言えるのだが、作品は表面的なテーマのみで解釈できるものではない。戯曲の朗読やセットを組んでの上演の様子、またルーヴェへのインタビューなどが地域の芸能文化、シャドーボクシングなど一見脈絡を欠いた映像と同時に展開され、正統派のドキュメンタリーというよりも、フィクショナルな側面が極めて強い演出となっているのだ。

そして劇映画第一作の『ファルシュ』は、ルネ・カリスキーによる戯曲の映画化である。ナチスの支配下のドイツにおいて、ユダヤ人の一家がそれぞれどのような末路を辿ったのか、幽霊となった彼らの会話から明らかとなっていく。ホロコーストにおける虐殺や、アメリカに亡命した後の苦難の道のりなどが語られる。舞台は夜の空港という特殊な場所に限定され、その意味でも演劇的だが、本作に登場するキャラクターや物語設定は旧約聖書を基盤としており、かつ、そうした要素は原作のものではなく、ダルデンヌ兄弟が独自に付け加えたものだという見解もある。[3] 過度にドラマティックな要素を排した後年の作品とは異なった魅力がある。

日本においてダルデンヌ兄弟は、移民や弱い立場に置かれた子どもたちの苦難を描く監督として捉えられることが多い。しかし、彼らが少年期から青年期にかけて接した労働運動や演劇の存在が、彼らの作家的原点にあることは忘れてはならないだろう。

1　松尾秀哉『物語 ベルギーの歴史』中公新書、二〇一四、一四六頁。

2　自由ラジオについては、フェリックス・ガタリの論文「民衆自由ラジオ」に詳しい。また日本では批評家の粉川哲夫が編著『これが「自由ラジオ」だ』（晶文社）などで紹介し、自身でも実践した。

3　Joseph Mai, *Jean-Pierre and Luc Dardenne*, University of Illinoi Press, 2010, pp.28-29.

# 境界上の子どもたち　『イゴールの約束』＋『ロゼッタ』

中根若恵

　思春期や青年期に差しかかる子どもたちが内包する実存的な危うさと揺らぎは、古今、さまざまな映画でモチーフ化されてきた。子どもの世界と大人の世界の境界線上にゆれ動く彼らの姿は、時には過去の歴史を映し出す無垢な目撃者として、また時には、未来への希望を体現する者として、その脆い多感さとしなやかな可塑性をスクリーンに印象づけてきた。

　ダルデンヌ兄弟以前の映画史を参照すれば、イタリアのネオレアリズモの映画群が、戦後の混沌とした状況を子どもの姿に託して表象してきたことがまっさきに目に留まるだろう。たとえば、戦火で荒廃したベルリンの街並みをさまよう『ドイツ零年』（ロベルト・ロッセリーニ監督、一九四八）の少年は、病に臥した父の代わりに家族を支えなければならないが、狂信的な元ナチ党員の教師のささやきに従い病床の父を殺してしまう。少年がその純真さゆえに、イデオロギーに盲従する大人たちの罪を背負わされるようにして自死を選ぶ悲劇的なラストシーンは、戦争がもたらす物質的・精神的な荒廃を批判的に描出する。一方で、『自転車泥棒』（ヴィットーリオ・デ・シーカ監督、一九四八）の少年は、混乱を極める戦後ローマの街を背景に、貧苦に追い詰められ自転車を盗もうとした父親と彼を糾弾する群衆を前に悲しみと悔しさで涙を浮かべる。父のモラルと権威が失墜するまさにその場面を目の当たりにした少年は、それでも父の手を取り雑踏のなかへとともに歩んでいく。ラストシーンに重ねられた音楽は悲劇的なムードを醸しつつも、父の手を握る少年の小さな手には、よる辺ない未来へ向けたかすかな希望を読み取ることができる。

冷戦の爪痕が残る混沌とした社会状況や労働問題、そして移民問題などさまざまな社会問題を背景に個人の倫理的な葛藤を描いてきたダルデンヌ兄弟の作家的アプローチには、こうした社会的リアリズムの美学と政治性が息づいている。彼らのリアリズム美学の形成を辿るうえでとくに興味深いのが、その多くの作品で、ネオレアリズモの作品群と共通して思春期の通過儀礼や葛藤が重要なモチーフになっている点だ。兄弟の初期の作品群に目を向けてみれば、彼らの名声を世界的に確立することになった『イゴールの約束』(一九九六)、『ロゼッタ』(一九九九)の二作の劇映画はともに、機能不全の家族と貧苦を背景に倫理的な目覚めを経験する少年少女の姿が重要な鍵になっている。

では、子どもの世界に属しつつも、大人たちの世界へと移行する通過儀礼を課された少年少女を物語の中心に据えるダルデンヌ兄弟のリアリズムは、現代社会においてどのような批評性を持ちうるのか。本稿では、社会的リアリズムの美学に関する議論を出発点に、子どもと大人の世界の境界上に存在する主人公たちの姿に、いかにダルデンヌ兄弟が一貫して描いてきた社会の周縁で生きる人々の姿が重ねられているかを分析する。とくに、二作品を貫く労働のモチーフに注目することで、現代社会の危機――グローバル資本主義がもたらした人々の周縁化とデモクラシーの危機――がすでに私たちの日常を深く侵蝕している状況を、二作品がいかに批評的に描出しているかを論じる。またそれぞれの作品では主人公たちの他者との出会いが彼らの変化の契機となるが、そこには大人の論理や秩序では把捉しきれない少年少女ら特有の存在様式に由来する他者性がすでに織り込まれており、それは観客とキャラクターのメロドラマ的な同一化を戦略的に妨げる。結論を先取りすれば、その「他者」の多層性は、物語上で主人公らと他者の出会いを駆動するのと同時に、観客である私たちをも主人公の他者性に向き合わせる機制としてはたらいている。そこには、非常事態がすでに日常と化した私たちの生きる現代社会において、映画の主人公たちだけではなく、観客をも倫理的な目覚めへと誘うダルデンヌ兄弟の映画的な戦略がある。

## 子どもたちと労働――周縁化された労働者たちと倫理の危機

戦争や内戦など社会が例外状態へと陥るとき、まっさきに犠牲になるのが子どもたちだ。生活苦のため子どもたちは労働へと駆り立てられ、就学の機会は奪われる。しかし、そうした事態はもはや戦時といった例外状態に限定されず、私たちの日常にも蔓延している。たとえば「子どもの貧困」や「子どもの剥奪」といった指標によって明らかにされてきたのが、「持てるもの」と「持たざるもの」の格差が世代的に持ち越され、次世代で増幅される事態であり、それがとくに先進国と称されてきた国々で深刻化している状況だ。[1] 子どもたちの教育の機会や物理的・心理的な安定性が剥奪される状況が世界中で常態化しているのである。

「子どもの貧困・剥奪」という問題の大きな一因には、資本主義市場の圧力がもたらした労働形態の変容による、格差社会の深刻化がある。加速するグローバル資本主義に侵蝕された政治は、西側諸国の脱工業化と同時にサービス産業・ハイテク部門への重点化を進めたが、その政策は結果的に技術を備えた労働者たちによって構成される労働組合の解体を進め、とくに特別な技術を必要としない未熟練労働者たち、そして大量の失業者を生んだ。ダルデンヌ兄弟が生まれ育ったベルギーの工業地域、リエージュも鉄鋼産業の崩壊に見舞われ、ヨーロッパの他の工業都市と同様に労働者階級の解体に伴う貧困化が六〇年代以降、深刻な問題となった。そうした光景を幼い頃から身近に目撃してきたことが、多くの作品の着想点になっていると兄弟は数々のインタビューで明らかにしている。世代を超えてプレカリアートの問題が深刻化するこうした状況はまさに、ともにリエージュを舞台とする『イゴールの約束』そして『ロゼッタ』において、主人公たちが年齢にしては早すぎる労働に駆り立てられることの社会的な背景となっているのだ。

『イゴールの約束』の主人公イゴールは、闇ブローカーとして不法滞在外国人を搾取する父親のロジェと二人で暮らす一五歳の少年だ。父子が生きる現実はまさに、ダルデンヌ兄弟が関心を持ってきた労働者階級の解体と世代的な貧困の連鎖の問題に直面している。イゴールは学校には通っておらず、見習いとして自動車修理工場で働きながら、かたわらで父の仕事を手伝っている。映画はイゴールが自動車を修理しにきた老女の財布を手慣れた素早さで盗む場面で幕を開ける。この一連のシークエンスは、イゴールの倫理観の欠如をキャラクタリゼーションするのと同時に、彼が生活の糧を得る二種類の方法——一方でまだ技術の熟練を必要とする伝統的な労働としての機械修理、一方で非倫理的な金銭の強奪と搾取——を描き分ける役割を果たしている。

劇中でイゴールはつねに二つのあり方に引き裂かれる。イゴールは職場の親方から自動車整備の訓練を受けているが、その過程はつねに、父親のロジェが息子に課す労働によって妨げられる。イゴールは車の修理作業に従事する間にロジェから電話で催促を受け、その度に何かと理由を付けて職場を早退するが、親方はそれを快く思っていない。イゴールを介した親方と父親の緊張関係は、またしても父に催促され仕事を早退しようとするイゴールに親方が「早退するのならもう二度と帰って来るな」と最後通牒を突きつけるシーンで頂点に達する。結果的に引き止める親方に背を向けて、イゴールは父のもとへと去っていく。この一連のシーンではまさに、伝統的な労働者階級が瓦解し社会的規範が不安定化している様が、二つの「労働」の境界上にいる少年の姿を通して象徴的に描かれていると言える。イゴールは、二人の「父」のどちらの規範に従うか選択を迫られるのだ。しかし少年は、彼を導いてくれるかもしれない「父」のもとから去り、他者を搾取することによって得た金を自らの生存に充てる「父」のもとへと身を寄せることを選択する。

『イゴールの約束』では、イゴールと父親が直面する貧困と父親の生業の非倫理性が、歳若くして働くイゴールを未熟練労働者へとさらに周縁化する一方で、ダルデンヌ兄弟のオリジナル脚本による劇映画の第二弾、『ロゼッタ』の主人公、一七歳のロゼッタは、アルコール依存症の母を支えるために働かざるを得ない。映画は『イゴールの約束』と同様に、ロゼッタが労働に従事する工場でのシーンで幕を開ける。ここで彼女は管理職の男から職を解雇されることを唐突に告げられるが、理不尽な解雇に抗議して男に掴みかかる。職探しのために不況のリエージュの街を彷徨するロゼッタの旅路の始まりとなるこのシーンは、労働というモチーフを強調しながら、職を失うことに対するロゼッタの焦りと苛立ちを手持ちカメラの不安定なフレームによって印象づける。

二作品に共通する労働のモチーフは、しかし、子どもが不安定化する労働環境や貧困の被害者となっているという痛ましい現実を反映するだけにとどまらない。たしかに映画は「生き残る」ために課せられた労働によって、イゴールとロゼッタの「子ども性」が損なわれていることを強調する。しかしそのモチーフは同時に、生活のすべての側面が手段化されることによって倫理の可能性と人間の可塑性が「生き残り」のために犠牲にされる現代のプレカリアートの置かれた危機的状況を表象しているのである。

そうしたプレカリアートと倫理の危機が映画において最高潮に達するシーンは、またしても労働というモチーフを介して描かれている。イゴールが倫理の萌芽を、「生き残り」のために明け渡すのは、映画序盤での悲劇的な事故のシーンにおいてである。アフリカのブルキナファソからやって来た不法滞在移民のアミドゥは、ロジェが管理する建設現場で警察の摘発を逃れようとして誤って足場から落下し重傷を負ってしまう。駆けつけたイゴールは、自らが死にゆくことを悟り妻と子どもをイゴールに託すアミドゥのかすれた声を聞きながら、血が流れる傷口を押さえアミドゥを助けようとする。しかしそこへ、闇ブローカーとしての違法な取引が明るみに出ることを恐れたロジェがあらわれ、イゴールの手をアミドゥの体から引き離す。結果的に二人は、重傷を負ったアミドゥの身体を建設現場にあったベニヤ板で覆い隠し、見殺しにしてしまう。ここでイゴールは死にゆく一人の人間を目の前にしながらも、彼を見殺しにするという父の命令に従うことを選択する。ここで彼が迫られる選択は、自己責任論が跋扈する現代社会——とくに不況が深刻化する九〇年代以降の状況——を生き残るために他人を手段化するあり方の究極的な形態であり、それはしなやかで可塑的な存在としての少年イゴールが持つ倫理的目覚めの萌芽を摘み取ってしまう。

一方で『ロゼッタ』におけるプレカリテと倫理の危機には、『イゴールの約束』に描かれるような倫理的な目覚めを阻む支配的な親の姿はない。ロゼッタはむしろ、他者を方法化するあり方をすでに内面化しているように見える。それはつねに酒に溺れ、トレーラーハウスでの不安定な生活を甘受する母親のようにはなるまいとする必死の試みと、家を支えるための労働の必要性が交差する地点にあらわれる。ロゼッタの世界には、イゴールが友人や父親との間に有していた社会的な関係性の存在が希薄である。もちろんロゼッタが通うワッフル店で知り合い、交流を重ねていく友人のリケは物語上、重要な役割を果たす。しかし、映画の大部分で物語を推進するのは母と自らの暮らしを支えるために職探しに奔走するロゼッタの姿であり、そこには生き残ることを最優先にせざるを得ない境地に追い込まれた人間の姿がある。

一方で、ロゼッタと労働の関係には、彼女のジェンダーアイデンティティが大きく関わっている。映画はロゼッタの母親が男性への性的な奉仕によって見返りを得ていることを示唆するが、ロゼッタはそんな母を嫌悪している。アルコールに溺れ人に自らの弱さをさらす母は、険しい表情でつねに感情を抑圧するロゼッタの様子と対比的に描かれている。男たちを家に招き入れる母親の姿に対して、自らの社会関係を最小限に切り詰めながら労働に従事しようとするロゼッタの様子には、社会関係の網の目の上で「女になる」ことを回避する意図を読み取ることができるかもしれない。なぜなら社会の眼差しは彼女を否応なく女として位置づけようとし、彼女は母親のなかに自らの将来の姿を垣間見てしまうからだ。その意味で、ロゼッタにとって労働とは、家族を支えるために彼女の肩にのしかかる不可避な責任であるのと同時に、その労働は思春期のただ中、社会関係の網の目の上で「女であること」そして「女になりつつあること」へと抗う唯一の方法でもあるのだ。

女性の周縁化された労働を描く『ロゼッタ』において、他者の存在を手段化する倫理の危機の頂点は、映画の中盤でロゼッタの「裏切り」の行為として表象される。ようやく手に入れたワッフル店での職を失ってしまったロゼッタは、すぐに次の仕事を探そうとリケの助けを借りながら街をさまようが、その試みはなかなか容易に行かない。ここで彼女は、リケが店から材料をくすねて、店の外で密かにワッフルを焼いて販売し儲けを得ていることを知る。仕事が見つからない焦りからロゼッタは、ワッフル店のオーナーにリケの行いを告げ口する。激昂したオーナーはリケを仕事場から追い出し、彼からはぎ取ったエプロンをロゼッタに渡す。リケは友人として救いの手を差し伸べることで、人とのつながりを拒絶するかのようなロゼッタを社会の輪のなかへと徐々に招き入れようとしていた。そんな彼をロゼッタは裏切ってしまうのだ。母のようにはなりたくない、だが、働かねば生き残ることができないという、あらかじめ切り詰められた選択肢を前に、ロゼッタにとってこの裏切り行為は生き残りをかけた究極的かつ唯一の方法だったのである。

イゴールとロゼッタが生きる九〇年代のヨーロッパでは、ラディカルな政治的変革の夢はとっくの昔に潰えていた。八〇年代にすでに停滞の兆しを見せ始めたヨーロッパ経済は西側諸国にケインズ主義的福祉国家の実現を断念させ、代わりに台頭したネオリベラリズムの原理は労働と市場の自由化を推し進めることによって、労働組合の解体を加速化させた。結果として労働者たちがかつて共有していた同志としてのアイデンティティは資本主義のグローバル化と先進国での脱工業化政策のもとで切断され、人々は過酷な現実を前に断片化された剥き出しの状態でさらされることになった。しかし、映画の主人公たちの姿が伝えるのは、過剰な市場原理主義がもたらした格差社会によって深刻化しつつも不可視化される「子どもの貧困」や「子どもの剥奪」といった現実的な問題ばかりではない。成長の途上にあるがゆえに子どもたちが内包する脆さと危うさは、労働というモチーフを通して描かれることで、私たちの日常を侵蝕する政治の危機を、労働者階級の解体という事態として、そしてまたそこから帰結する倫理的危機の問題としてアレゴリカルに描き出しているのである。

ダルデンヌ兄弟のフィルモグラフィーにおいて、ラディカルな左翼的革命の不可能性と労働者階級がさらされるプレカリアスな日常というテーマは、ダルデンヌ兄弟が劇映画に移行する以前に携わったドキュメンタリー映画にまで遡ることができる。[2] 二人が生まれ育った工業地帯であるリエージュは六〇年代から七〇年代にかけて労働闘争のメッカであったが、そこで彼らは労働者のレジスタンス運動をテーマ化するいくつかの作品を制作している。たとえば、彼らが制作した二作目のドキュメンタリーである『レオン・Mの船が初めてムーズ川を下る時』（一九七九）では、かつての労働運動の参加者、レオン・マジーという一人の老人が、自らの手で製作した船に乗ってムーズ川を下りながら、その地域で一九六〇年から六一年にわたって闘われた大規模な労働者のデモの模様を回想する。映画では繰り返し「政治的闘士にはどのような未来があるのか」という問いがダルデンヌ兄弟のヴォイスオーバーのナレーションによって投げかけられる。川を下るかつての労働運動の闘士の姿を他の運動参加者へのインタビューや運動に関するアーカイブ資料と組み合わせることで映画は、「政治の季節」が終わったあとの政治の可能性を探ろうとするが、そこに示される展望は決して楽観的なものではない。ダルデンヌ兄弟はここで、アーカイブ資料によって当時の運動の盛り上がりを描写するのと同時に、それとは対照的に映画が制作された七〇年代末の時点ですでにその求心力を失っていた労働運動の現実を浮き彫りにしているからだ。

『レオン・M』をはじめ、ダルデンヌ兄弟のドキュメンタリーにおける労働運動の隆盛と衰退に関する数々のドキュメントは、私たち観客を過去の記録や記憶に誘うことによって、かつての労働者たちの闘いをある種の郷愁とともに描写する。しかしそこで、労働者が集団的な力を持っていた過去と対比的に示される現在は、労働者たちがかつての集団的なアイデンティティを失い孤立する姿だ。『レオン・M』において、過去への回想を通して現在を憂える映画の被写体たちの姿には、オルタナティブな未来へと私たちの想像力を駆動する表象の力を見出すことは困難だと言わざるを得ない。

上述したようにラディカルな左翼的革命の不可能性と労働者階級が強いられる不安定な日常は、『イゴールの約束』と『ロゼッタ』をはじめとするダルデンヌ兄弟の劇映画における中心的なモチーフの一つをなしている。しかしここで思い出したいのが、境界に佇む者としての少年、少女という二つの作品をつなぐアクターの存在である。思春期に差しかかる子どもたちは敏感さと多感さ、そして同時にしなやかな可塑性を有している。子どもたちはその開かれた感受性によって過去の歴史を目撃することで、数々の危機にさらされる。しかし同時に過去の歴史の目撃者としての子どもは現在に力強く屹立し、その存在を特徴づけるしなやかな可塑性は、過去の歴史を未来への希望へとつなぐ象徴的な役割を果たす。所得格差、雇用格差、教育格差とあらゆる格差が人々を分断する社会的状況を背景に、映画で描かれるイゴールとロゼッタの倫理的危機には、ネオリベラリズムの跋扈と産業構造の変化というヨーロッパがたどってきた歴史が影を落としていることは確かである。しかし、二つの映画は、二人の主人公に過去の歴史の目撃者としての役割を課すだけではない。映画は彼らに倫理的な価値観の目覚めを体験させることによって、象徴的にオルタナティブな未来を描く可能性を示唆しており、その点で、ダルデンヌ兄弟のドキュメンタリー群とは一線を画している。では、二つの劇映画において、子どもの表象と未来への志向はどのように関わっているのか。それを紐解くキーワードの一つが「他者との邂逅」であり、それは子どもたちを「他者」として描写するダルデンヌ兄弟の方法と、その他者性の描写が駆動する観客と主人公たちの「異質さ」との出会いの場に託されている。

## 他者との出会いの契機――主人公の倫理的目覚めと「異質なもの」と出会う観客

前述したように、二つの映画では主人公たちが他者と出会うことが彼ら彼女らの変化の契機となるが、その物語には、大人と子どもの世界の中間に存在する「境界上の存在」として、大人社会の論理や秩序では把捉しきることができない主人公たちの他者性があらかじめ織り込まれている。そこで強調される彼ら彼女らの世界の異質さは、私たち観客が主人公たちに感情的に同一化することを阻む。主人公たちとの感情的な同一化を妨げることでメロドラマ的なモードを迂回する役割を果たす他者のあらわれの多層性は、映画の物語上での少年少女らの他者性との出会いを表象するのと同時に、私たち観客にも主人公の他者性を目撃させる機制としてはたらいている。それは、非常事態が日常と化した私たちの生きる現代的な状況において主人公だけでなく、観客をも倫理的な目覚めへと誘う役割を果たしている。

ダルデンヌ兄弟の映画における登場人物たちは総じて寡黙であるが、それは『イゴールの約束』と『ロゼッタ』においても例外ではない。カメラは二人の姿を追うが、彼らの心情や考えがナレーションやダイアローグを含めた言葉によって表現されることは稀である。主人公らの感情や心理的葛藤はもっぱら、その身体の動きや表情を含むミザンセン、そして顔のクロースアップの使用など撮影法によって伝えられる。また、他の多くの兄弟の映画と同様に、この二作品でも、手持ちカメラによるショットやロングテイクが多用されており、観客はじっくりと主人公たちの身体や顔、そして彼らを取り巻く物質的な環境に向き合うことを求められる。

イゴールとロゼッタの身体の動きや表情はつねにある種の予測不可能性と不定形さに条件づけられている。映画はイゴールが目的もなく街をバイクで疾走する様子を写しとるが、その無目的性は表情を読み取ることが難しいイゴールの顔によって強調されている。また、ロゼッタは街から自宅であるトレーラーハウスへ帰るとき、林の土管に隠してある靴に履き替えるが、映画ではその理由が説明されることはない。映画はクロースアップを多用し、観客は主人公らの表情を仔細に眺めることになるが、主人公らの顔にはわかりやすい感情の発露はない。多くの場面で無表情もしくは曖昧な表情を見せる彼らを前にして、観客はそこにある意味の宙吊りにある種の落ち着きの悪さを感じるかもしれない。

そうした特徴は、児童文化論者の本田和子が子どもの世界を「異文化」と称してきたように、大人たちの理論整然とした世界に対抗する、整合性や首尾一貫性が欠けた子どもの世界の在り方を私たちに思い出させる。[3] 子どもを大人へと成長する途上の未熟な状態として見なす発達論的な子ども観に異を唱える本田は、子どもの世界は、大人の世界のあり方に回収されない独自の価値体系をもっていると論じる。もちろん子どもの概念の成立とその実態の理解には歴史、社会、文化ごとに固有の背景が密接に関わっており、そのあらわれを十把一絡げにすることは本論の目的ではない。しかし、子どもたちを大人に至らぬものとしてではなく、「他者」に関する差異として捉える本田の論は、「別の世界」のあり方への想像力を駆動するダルデンヌ兄弟の映画的戦略を考えるうえで示唆的である。

大人たちの社会化された秩序から外れた境界上の世界に佇むイゴールとロゼッタの身体と顔は、ある種の異質性、他者性をもって私たちに迫ってくる。そして説明的な言葉を切り詰めるダルデンヌ兄弟の方法論は、言語的な分節化の作用を最小限にとどめ、イメージのもつ捉えどころのない曖昧な性質を前面に押し出す。クリスチャン・メッツが「映画はラング（社会的規約の体系）ではない」[4]と端的に述べるように、イメージは言語のように固定化された意味体系から逃れうる多孔的な性質を持っている。私たちの目の前にさまざまな物、身体、顔、風景を見せながらも意味の曖昧さを担保するそうしたイメージの性質は、まさに先ほど論じたような意味化の作用を阻む曖昧なイゴールとロゼッタの身体と顔に象徴されている。観客である私たちは、曖昧で多義的な主人公たちの顔と身体の動きを目の当たりにすることで、そこに生じる意味の宙吊りに向き合うことを求められる。それはメロドラマ的な意味化を回避する宙吊りであり、私たち観客が容易に主人公たちに同一化する眼差しを阻む他者性のあらわれだ。

そうした主人公たちの他者性は、二作品に共通して表象されている主人公たちの他者との出会いと、それによる倫理的な目覚めとの二重構造として私たち観客の前に立ち現れる。イゴールは死にゆくアミドゥに妻と子どもの未来を託されるが、その「約束」は、アミドゥの妻であるアシタへのイゴールの眼差しの性質の変化を通じて、倫理的な目覚めへと醸成されていく。アシタのアミニズム的な日常生活の儀式に対してイゴールは映画の序盤、好奇の目を向ける。壁に空いた穴から隣室にいるアシタを密かに覗き見るイゴールの行為にはまさに、異なる文化的背景をもつアシタを他者化する行為であり、眼差しに潜む「見る／見られること」の不均衡性を再生産している。しかしそうした眼差しの搾取性は、アミドゥの死後、それを知らずに生きるアシタに積極的にイゴールが手を差し伸べようとすることで、徐々に変化していく。

映画は夫が生きていると信じるアシタに対して、イゴールが自らの罪――ロジェの命令で、アミドゥを見殺しにして死体を埋めたこと――を告白するシーンで幕を閉じる。このシーンにおいて、イゴールと赤ん坊を背負うアシタはお互いの顔を見つめ合い、無言のままカメラに背を向け、ともに歩みを進めていく。そのシーンは決して未来に向けた楽観に満ちているとはいえず、彼らが歩みを進めていく地下道の薄暗い照明は彼らに訪れるであろう数々の苦難を予示しているようにも解釈できる。しかし、それでもここでのイゴールの告白と彼らの視線の交換、またともに同じ方向へと歩みを進めていく彼らの姿からは、未来への微かな希望と志向を読み取ることができる。

一方で『ロゼッタ』においても観客である私たちがロゼッタの他者性に向き合うことと、ロゼッタが他者へと対峙する瞬間は映画のラストシークエンスにおいて重ね合わされている。リケから職を奪ったロゼッタは、トレーラーハウスの前で酩酊して倒れている母親を見つける。母をベッドに寝かせた後、ロゼッタは前触れなく仕事先に電話をして辞職することを告げる。トレーラーハウスに帰ったロゼッタはガスの栓を開け母親とともに自殺を図るが、少し経ったところでガスは尽きてしまう。替えのガス缶を管理人から受け取りその重さに耐えつつ家まで運ぶ道中で、バイクに乗ったリケが現れる。リケは咎めるような表情でロゼッタを見つめながら無言で彼女につきまとい、ロゼッタはついにガス缶の重みで――加えて職を奪ってしまったことに対する良心の呵責もあるのか――トレーラーハウスの横に倒れ込み嗚咽しながら涙をこぼす。ここで私たち観客ははじめてロゼッタの顔に感情の発露を見、同時に彼女の脆さに触れることになる。映画は、ロゼッタをリケが助け起こそうとする場面でエンドクレジットとなるが、ここでロゼッタの肩をつかむリケの表情は観客には示されず、カメラはリケを見つめるロゼッタの顔にクロースアップする。彼女にどのような未来が待っているのか、映画は決して明確な答えを示してはいない。ただ、ここでリケがロゼッタを助け起こし、ロゼッタがついにリケに向き合う様子には彼らの関係性の変化とロゼッタ自身のリケへの「裏切り」に対する説明を果たそうとする志向性を読み取ることができる。

## おわりに

ダルデンヌ兄弟は、社会的リアリズムの映画的伝統を踏襲することで、ポスト工業主義社会において進展する格差社会の問題を、倫理的な危機の物語に仮託して描いてきた。本論はダルデンヌ兄弟の映画で繰り返し登場する労働と子どもというモチーフに注目し、『イゴールの約束』と『ロゼッタ』がいかに子どもたちを、歴史や社会的変化の目撃者としてだけでなく未来へのオルタナティブな可能性へと開かれた存在として表象しているかを論じた。しかし、二作品ともただ楽観的な予測を提示しているというわけでは決してない。むしろ二つの映画は兄弟の他の作品のように曖昧な多義性を担保して幕を閉じる。イゴールとアシタが向かっていく地下道の薄暗さ、またロゼッタの涙を溜めた目と一文字に結ばれ震える唇は、主人公たちを待ち受けるさらなる苦難を予期させる。しかしそれでも、ラストシーンで主人公たちが他者を真っ直ぐに見つめる眼差しには、他者の存在を認めることによってともに歩んでいくための希望を読み取ることができるのである。『ロゼッタ』の反響が社会現象となり、ベルギーにおいて未成年の労働負担を軽減・規制するロゼッタ・プランの成立につながったというエピソードには、他者の存在への想像力を培い現実を変革する映画の力が、文字通りに結実した瞬間を垣間見ることができるだろう。

また本論は、言葉の使用の最小限化やカメラワーク、そして特徴的なパフォーマンスによって私たち観客の目前に主人公たちの他者性が醸成されることを論じた。二つの映画はともに、主人公たちが倫理的な目覚めを経験する儀礼的なプロセスを観客に目撃させるが、それは主人公たちが他者へと向き合うことと、観客が主人公の他者性へと向き合うことの二重性のうえに達成されている。子どもを異なる文化、そして異なる世界の住人として捉えるとき、子どもの存在様式の独自性は、歴史に裏打ちされた現在を批評的に更新するオルタナティブを想像する基盤になりうるのだ。そうして、子どもというモチーフを介したダルデンヌ兄弟の倫理的な生に関する問いは、『ある子供』(二〇〇五)や『少年と自転車』(二〇一一)といった作品群でさらに展開されていくことになる。

資本主義の勝利宣言は同時に、資本主義が内部から自壊していくプロセスの始まりでもあった。過剰な利益の追求と富の寡占化が深刻化させた格差の広がりや気候変動、民主主義の危機といった問題を前に、分断・周縁化された人々はそれでも、自らを苦しめる資本主義のロジックへと必死でしがみつく。ラディカルな変革の可能性を信じたかつての政治文化は衰退し、すでにその求心力を失っていることは否定できない。しかし、ダルデンヌ兄弟の映画を観てみれば、イゴールやロゼッタの倫理的目覚めと変化に織り込まれた変革の可能性は、人々を分断し搾取するグローバル資本主義の怪物性に対して、左翼的なラディカリズムの方法ではなく、個々人の目覚めに託すかたちでオルタナティブを想像することの可能性が力強く表明されている。子どもたちが内包する危うさと揺らぎは、構造的な世界の不平等さに対する個々人の脆さと弱さを象徴的に示す。しかし、そうした脆さは同時に柔軟さと表裏一体であり、子どもたちの危うくもしなやかな可塑性は未来への変革につながる小さな希望の萌芽ともなりうるのだ。

1 先進国における子どもの貧困問題については、小西祐馬「先進国における子どもの貧困研究——国際比較研究と貧困の世代的再生産をとらえる試み」浅井春夫、松本伊智朗、湯澤直美編『子どもの貧困——子ども時代のしあわせ平等のために』明石書店、二〇〇八年等を参照。

2　ダルデンヌ兄弟のドキュメンタリー映画と左翼的政治運動の密接な関係については、Philip Mosley, The Cinema of the Dardenne Brothers: Responsible Realism (New York: Columbia University Press, 2013), Chapter 3: The Video Documentaries, 1974-83 を参照。

3　本田和子『異文化としての子ども』ちくま学術文庫、一九九二年。

4　Metz, Christian. *Film Language: A Semiotics of the Cinema*. translated by Michael Taylor, University of Chicago Press, 1991, 105.

# 異化と再馴致　『息子のまなざし』

山下研

　開巻後、スクリーンに浮かび上がったタイトルクレジット「*LE FILS*（息子）」が消えると、ふたたび映像が暗転する。何かを槌で叩く音が数度、鳴り響くと、暗転していたはずの画面上の漆黒がもぞもぞと蠢き始める。映像に曖昧な光が差し、その闇が眼鏡をかけた男の着る暗褐色の作業着に極度にクロースアップしたイメージだったことに観る者は気づく。やがてカメラは、数人の少年が作業場で木工の実習をしている様子を男の肩越しに写し出す。木材研磨機の使用法を手短に生徒たちに伝え、男が初老の女性に「もう四人いる／こっちはムリだ」と言い放つと、ようやく次のショットに切り替わる（この間、カメラは慌ただしく男の背中を追いかけている）。

　『息子のまなざし』（二〇〇二）は作業着に身を包んだこの男（オリヴィエ・グルメ）の背後から取り憑くようなロングテイクで作品の大部分が構成されている。カメラが男のすぐそばで構えられることで写り込む外界は近傍のものに限られ、フレーム内のイメージもしばしば、その体躯が遮ってしまう。過剰なクロースアップの頻用は、ダルデンヌ兄弟のフィルモグラフィを振り返りみれば『イゴールの約束』（一九九六）で顕わになり、続く『ロゼッタ』（一九九九）で早々に極点へと達した撮影手法だ。それに続く本作では、通常の劇映画であればＰＯＶ（主観ショット）を採用したであろう場面でも、「眼差される対象」と同時に「それを眼差すオリヴィエ」が傍に配される。作中人物に付き纏うクロースアップの結果として、観客は男の分厚いレンズの奥にある瞳を、顔に刻まれた皺を、人よりも膨れ上がった耳朶をしばらく眺め続けることになる。

本作にはその他にも兄弟の徴である、エスタブリッシング・ショットの欠落、サウンドトラックや切り返しショットの不使用、必要最低限の台詞など、省略的な演出法を確認できる。劇映画的演出の排除がドキュメンタリー的客観性を担保する一方、その非装飾によって観客は開巻してから数十分ものあいだ、せわしなく男の後を追う、〝意味〟を欠いたクロースアップの連続に付き合わされるのだ。

およそ二〇分を過ぎると、本作の舞台が職業訓練校であり、そこで木工コースを担当する教師・オリヴィエが新しく入ってきた生徒に並々ならぬ関心を持っていることが徐々に明らかになっていく。オリヴィエは新入生がいる溶接コースや食堂の厨房に適当な言い訳を見つけては足を運び、生徒たちが移動する様子もわざわざ覗きに行く。カメラは男の窃視行為を窃視するが、しかし、何が男をそのように駆り立てるのか説明されることはない。落ち着かない男の不安を表出するかのように、移動撮影によるショットもまた神経症的な揺動を伴う。やがてオリヴィエは新入生の少年フランシス(モルガン・マリンヌ)を自身の木工コースで引き取ることに決め、映画は金槌や万力などを用いる実習の様子や二人の些細な交流を映し出していく。

『息子のまなざし』の最初の賭金は、開巻からオリヴィエとフランシスの出会い、交流を描くまでの三〇分間、観客に物語構造を提示せず、画面への注視を強いることだ。初めて映画を観たのでない限り、映画には始まりと終わりがあり、物語には何らかの展開や起伏が含まれることを観客はあらかじめ知っている。もし多くの映画を観ているのなら、クロースアップが用いられるのが特権的なショットであることを意識せずとも知っているはずだ。しかし、『息子のまなざし』はこのような期待を裏切る。映画評論家のロジャー・イーバートは同作について次のように評した(以下、欧文献からの引用は筆者訳)。

ダルデンヌ兄弟がいかに映画を制作しているか、それを理解するためにごく序盤のシークエンスを詳述してみよう。ベルギー人の木工職人・オリヴィエ（オリヴィエ・グルメ）が十代の少年たちが作業する工房を監督している。少年のチェーンソーの使い方を指導する。慣習的な映画に飼い慣らされた私たち観客は、誰かが指や手を切断してしまうのではないかと感じる。しかし、そんなことは起こらず、木材は正確に切断されるのだ。[1]

揺動するカメラとともに捉えられる木工実習のシーンは、ある種の慣習に親しんできた視線からはひどく不安に映る。電動ノコギリや金槌を使う手元のクロースアップが、イーバートの言う「指や手が切断されるのではないか」という予期を誘うからだ。ダルデンヌ兄弟が白日の下に晒すのは、いかに私たちの眼差しが〝映画的視線〟に馴致させられているかということである。彼らは「クロースアップであれば何かが起こるはずだ」というような視線を拒否し、期待された〝意味〟を欠くイメージを連鎖させることで、映画的慣習を異化する。連なるショットがそれぞれ〝意味〟を欠いているならば、そこに物語が立ち現れることはない。「なぜ男の表情ばかり映すのか」「男は何を追っているのか」、問いは宙づりにされたまま映画が展開する。かつてアルフレッド・ヒッチコックは「テーブルの下の爆弾」（観客だけがそれに気づいており、作中人物はそれを知らない）が観る者の「感情」を最大化するサスペンスを生むとしたが、この兄弟がヒッチコック的基準を放棄していることは明らかだろう。換言すれば、観客は物語を駆動するサスペンスの意味を知らされていないために、序盤のシークエンスの解釈は必然的に多義的なものになる。ある観客は男が少年愛者であることを疑うかもしれないし、また別の観客は木工職人の巧みな手つきに視線を注ぐかもしれない。

しかし、異化効果は長くは続かない。開巻からおよそ三〇分、オリヴィエは前妻のマガリ（イザベラ・スパール）に対して、訓練校の新入生・フランシスが彼らの幼い子どもを殺した「犯人」であることを告げる。フランシスは少年院での五年の刑期を終え、舞台である職業訓練校に入学したのである。観客に物語構造が明らかにされるこの時点において、先に述べたような〝映画的視線〟がふたたび起動させられる。この〝映画的視線〟という鋳型は、「息子を殺した少年を男がどう扱う（復讐する／許す）か」というサスペンスに映画を縮減してしまうのだ。このとき、フランシスを執拗に意識するオリヴィエの眼差しや顔、行動を一つの〝意味〟で解釈してしまう軛から自由ではいられない。

結論を急げば『息子のまなざし』はこのような視線に全編を通じて抵抗し続けている作品だ。本稿で検討するのは、いかにダルデンヌ兄弟がそのような視線に抵抗しているかということであり、ここでは「作業する身体」と「ボディカメラ」という二つの鍵概念に着目したい。

## 作業する身体

すでに知られているように、ダルデンヌ兄弟は作品に演技経験の浅い俳優を起用することが多い。例えば、エミリー・ドゥケンヌ（『ロゼッタ』）、オリヴィエ・グルメ（『イゴールの約束』）、モルガン・マリンヌ（『息子のまなざし』）がそれぞれ起用されたとき、全員が長編映画への本格的な出演は初めてだった（『少年と自転車』［二〇一一］では、すでに豊富な経験を持つ俳優を起用するようになる）。

なぜ、この作家は未習熟の役者たちを積極的に使うのか。かつて、ジャン＝ピエールはインタビューでの問いに対して「俳優たちには、そこにいて欲しいだけ」なのだと答えている。[2] ここに先に述べたようなダルデンヌ兄弟における非装飾、反「劇映画」への志向性を指摘できるだろう。脚本で想定された作中人物の心理を巧みに表現することや、物語展開を端的に伝達するような演技をおそらく彼らは望んではいない。リュックは「どんな人物なのかを語らなければ語らないほど、スクリーンでその人物が生きてきますから」と言う。[3]この態度は、ダルデンヌ兄弟が作品で種々の〝返歌〟をしている映画作家ロベール・ブレッソンを想起させずにはおかない。

　ブレッソンはプロの俳優を嫌い、彼が「モデル」と呼ぶ経験の浅い俳優を起用した。ブレッソンは俳優に台詞を何度も抑揚をつけずに音読させることで、発話者の内面や意図を感じさせないよう訓練した。この予行演習《リハーサル》によって、役者の演技は統制され、その非内発的な動作にこそ装飾を排した「在るがままの姿」が存在する。表現を抑圧することによって演じる〝その人〟自体が立ち現れると彼は逆説的に考えた。そのため一度起用した俳優は、原則として二度と起用しないという厳格さをもって俳優に接した。ブレッソンは次のように言う。

> モデルたちが自動的に動くようになり（すべてを計測し、重さを量り、時間をきっちり定め、十回も二十回も繰り返しリハーサルすることによって）、そのうえで君の映画の諸事件のただなかに放たれるならば、彼らを取り巻いている様々な人物やオブジェと彼らとの関係は正しいものとなるだろう、というのも、それらの関係は思考を経たものではないからだ。[4]

『シネマトグラフ覚書　映画監督のノート』のなかでは「自動現象《オートマティスム》」というタームで表現される、作り手の「思考」を超越した何かをブレッソンはフィルムに捉えようとしていた。演劇を「どうにも始末に負えない因習」[5]と唾棄し、映画独自の現実性を追求したこの映画作家の信念は、ダルデンヌ兄弟の実践へと繋がっている。彼らが「役ではなく、〝人〟を探した」と語るとき、ここでいう〝人〟はブレッソンの「モデル」とよく似ている。ドキュメンタリーに出自を持ち、社会の周縁に生きる人々の生を描き出すこの作家にとっては、俳優たちが仮構された〝役〟ではなく、〝その人〟に見えることが重視された。[6]

反演技という観点において、『息子のまなざし』はダルデンヌ兄弟のフィルモグラフィのなかでも一つの特異点をなす。本作が「作業する身体」に満ちているからだ。木製メジャーで寸法を測量する、金槌で鋲を打ちつける、身長の倍はあるだろう角材を担いで運ぶ……作中には木工職人になるための実習の様子が頻繁に登場する。これらの作業を捉えるショット群は経験の浅い俳優を積極的に起用する兄弟の演出効果を増幅させる。台詞は簡素であるため、作業に伴う〝身振り〟が作品世界で前景化する。リュックは次のように語っている。

　ひょっとしたら、身振りや、とても具体的で、物質的なものを撮影することでこそ、精神的な、不可視の、物質性に属さないあらゆるものを観る者は感じられるのかもしれない。[7]

身体や身振りといった物質的なものを通じて、目に見えない抽象性へといたる。この転倒はすでに見た「モデル」の逆説と同じ形をしている。ブレッソンが劇的演出を余分な装飾と考えたように、兄弟もまた演出以前の現実性をカメラに捉えようとする。

作業は内面や思考なしでも画面に映る。金槌で鋲を叩くとき、そこに怒りや悲しみといった感情を想定せずとも「金槌で鋲を叩く」映像は撮れる。しかし、「あなたが憎い」という発話は、少なくとも劇映画では感情を想定せずに撮ることは難しい（撮影はできるが、ひどい演技になる）。作業という非意味的行為が、虚構上のリアリティラインをすり抜ける。

映画のなかで「作業する身体」を撮ることは、俳優が非意味的身体となることだ。演じることが作業をすることに、作業をすることが演じることになる。だが、具体的な身振りを作品世界という虚構になじませるために、ダルデンヌ兄弟はたとえば『ロゼッタ』で俳優に、役と同じ生活を一カ月ほど過ごして〝身振り〟を馴染ませるという労苦を強いた。ここには非恣意的な「モデル」の顕現が恣意的な訓練によって初めて可能になるという転倒がある。

だから「役ではなく、〝人〟を探した」という先の発言はよく吟味されなければならない。この〝人〟とは、例えばオリヴィエ・グルメその人が「オリヴィエ」として画面上に存在することを指しているのでは、おそらくない。『息子のまなざし』では、役を演じるための入念な訓練＝作業を経て、その人そのものでもなく、演劇的な模倣でもない俳優がカメラの前に現れる。

言い換えれば『息子のまなざし』においては、二重の意味で演技＝作業となる。最初に、劇映画的な演技を異化する別の演技として「作業する身体」の導入があり、それは訓練＝作業の上で構築されてまた別の現実性とともに立ち現れる。

## ボディカメラ

『ロゼッタ』や『息子のまなざし』に顕著だが、被写体と近い距離を保ちながら移動するロングテイクは、即興的にその場で撮影されたかのような印象を観る者に与える。映画研究者のリチャード・ラシュトンは、ダルデンヌ兄弟の作品の多くが、中距離で腰より上を画面に収めるツーショットを用いること、会話を撮影するのに切り返しではなくロングテイクでカメラを前後に振る傾向があることに言及している[8]。ラシュトンはこの撮影手法について、ドキュメンタリーから撮り始めたダルデンヌ兄弟の作家的出自に触れたうえで、ダイレクトシネマからの影響を示唆してもいる。

しかし、つとに指摘されているようにダルデンヌ兄弟は撮影にあたって俳優やカメラマン、照明と綿密なリハーサルを行っている。彼らの作品の多くはサウンドトラックがなく、周囲の環境音に満ちたサウンドスケープは一聴すると生々しく聞こえるが、実際は音響においても強弱の統制が行われているのである。これらドキュメンタリー的触感を生み出す撮影スタイルについて、リュックは次のように言う。

カメラを担ぐブノワ・デルヴォーの運動は、機械の手を借りたどんな動きよりも繊細かつ活発で、より生々しく複雑だ。彼の胸、体躯、両脚はダンサーのそれとなる。彼に付き添い、動きをサポートする（撮影助手の）アモリ・デュケンヌとともに、二人は一台のボディカメラを形作るんだ[9]。

リュックは「ボディカメラ（“corps-caméra”）」という造語で、自作の撮影手法を特徴づける。見逃してはならないのは、カメラマンのブノワの身振りが「ダンサー」のように複雑かつ活発なものであるという表現、そしてブノワと撮影助手の二人の身振りが一つの「ボディカメラ」を形成すると述べられていることだ（リュックは自ら兄弟のことを「僕たちは二つの体に分けられた一人の人間なんだ」と語ってもいる[10]）。

なぜ「ボディカメラ」は機械的な撮影よりも生き生きとしたイメージを生み出すのか。『息子のまなざし』で言えば、慌ただしく階段を降りる、駐車場で倒れた前妻を介抱するため走る、終盤にはオリヴィエとフランシスによる四分間の追走など激しい移動を伴うショットがある。そのような撮影ではカメラマンと撮影助手は足場に意識を払いつつ、演じる俳優との距離を絶えず調整しながらカメラを回さなくてはならない。映画研究者のジョセフ・マイは次のように書く。

ダルデンヌ兄弟のロングテイクは、各部分がふさわしいリズムを得るまで、幾度もの予行演習を必要とする。二人のうち、どちらかが俳優と、俳優と同じくらいシーンごとの動きを叩き込まれた撮影隊と緊密に連携を取り、もう片方はそれをモニターでチェックする。これはドキュメンタリー時代の名残だ。録音技師やカメラマンにとって現場のセットと俳優たちに区別はなく、現場の誰もが一緒になって入念な振付とともに運動する。[11]

マイはダルデンヌ兄弟の言葉に付け加えるように、「ボディカメラ」撮影はカメラマンと撮影助手のみによる「ダンス」ではなく、セットや俳優、録音技師などその空間に居合わせたものによる共同の振付だと評する。たとえ何度もリハーサルを重ねたとしても、俳優や照明、カメラマンが決められた動きを完全に複製することはなく、彼らはテイク毎に異なる身振りでともに踊るだろう。

「俳優同士の身体が触れ合うことで、別の関係が生まれてくる」と作家は語るが、この相互関係は撮影空間の総体へと敷衍される。その中心で揺動する「ボディカメラ」はいわば結節点であり、撮影現場のアクターたちを繋ぎとめる。多数のアクターがお互いの距離を意識しつつ、再帰的な影響関係《フィードバック・ループ》を形成する。予行演習《リハーサル》という訓練を経た上で、彼らは一回限りの超演出的な何かを現場に呼び込まんとする。

## ダルデンヌ的現実性

「作業する身体」と「ボディカメラ」は劇映画的演出に抗うように機能する。だが、〃映画的視線〃という慣習の引力は絶えず働くものである。中盤になり、フランシスがオリヴィエの幼い息子を殺した犯人であることが明らかになると、『息子のまなざし』は彼ら二人の関係の行方に焦点が絞られていく。いわば、開巻三〇分までの「ボディカメラ」による混乱と異化の時間が終わり、この物語がいかに展開するかという慣習的な視線が働き始めるのである。フランシスは、オリヴィエが自分が殺めた子どもの父親であることに気づいていないため、先のヒッチコック式時限爆弾の例で言えば、物語は「オリヴィエがいつ事実を打ち明けるのか」「男は少年を赦すのか、復讐するのか」というサスペンスがここに駆動する。

これまで前演出的な「作業する身体」と、超演出的な「ボディカメラ」について述べてきた。それぞれが作家の意図的な訓練・演習によって、意図せざる現実性を映画に出来させるという転倒的実践である。だが、どのような異化も長くは続かない。異化された現実は新たな慣習を形作っていく。私たちはここで馴致させられる〃映画的視線〃が単数でないことを思い出さなくてはならない。バスター・キートンの身体を目の当たりにしたとき、私たちはすでに次のシークエンスでは彼の身体が〃壊れない〃ものであることを知っている。D・W・グリフィスとチャールズ・チャップリンの作品は、それぞれ異なる約束事のもとにある。映画の慣習＝可能性はつねに複数的であり、ダルデンヌ兄弟はそこに一つの選択肢を付け加えようとしている。

『息子のまなざし』最終盤、オリヴィエがフランシスを車に乗せて貯木場へと向かう。道中、オリヴィエはなぜ少年院に入っていたのかと少年に質す。フランシスは短く「盗み」とだけ答えて、居眠りに入る。現場に着くと、二人はひとしきり種々の作業に没頭する。巨大な木材をそれぞれの肩に抱えて搬出し始める。フランシスが工具で木材の長さを測っていると、唐突にオリヴィエは「お前が殺したのは私の息子だ」と告げる。数秒の沈黙の後、フランシスは走ってオリヴィエから逃れようとする。続く四分間の追走は、積み上げられた木材の塊のあいだを縫うように繰り広げられ、二人の距離はそのステップによって自在に伸縮する。あるショットではフランシスが積まれた木材の上から木片をオリヴィエに向かって投げつける。カメラは見上げるように振り被ったフランシスを写し、次の瞬間にはその場を離れつつパン、今度は木片を投げつけられたオリヴィエを写す。訓練なしでは達成されない運動。

このシークエンスには「作業する身体」の二重性があり、そして「ボディカメラ」という共同作業による偶発性がある。カメラマン、オリヴィエ、フランシスは入念なリハーサルを経て、本番に臨んだだろう。予行演習とは微細なズレを生みながら、それぞれの距離を互いに確かめながら、撮影を行ったはずだ。台詞ではなく運動によって、フランシスの怖れが、オリヴィエの孤独が、一つに交叉する。

『息子のまなざし』は、車に載せる木材に——あたかも子どもの亡き骸を布で覆うかのように——男と少年がカバーをかけるラストショットで幕を閉じる。二人の共同作業によって、映画というあらかじめ筋書の決まった物語に、俳優という仮構された役柄に、ある現実性が付与される。作業という非意味行為、ボディカメラを結節点とする俳優たちやカメラの連動という固有性においてこそ、抽象化された物語や感情が表現される。共同作業に胚胎する一回性が、虚構のなかにそうでしかありえない一つの現実性を付与する。本作は、劇的映画に馴致された視線を異化し、サスペンス的縮減＝馴致とはまた別の現実性へと到達するダルデンヌ兄弟の実践である。

1　Roger Ebert, "Reviews The Son," Roger Ebert.com, 2003. URL: https://www.rogerebert.com/reviews/the-son-2003

2　『ロゼッタ』公開時のプレス資料。

3　『ロゼッタ』公開時のプレス資料。

4　ロベール・ブレッソン著、松浦寿輝訳『シネマトグラフ覚書　映画監督のノート』、筑摩書房、一九八七年、三二―三三頁。強調原文。

5　同書、七頁。

6　『ロゼッタ』公開時のプレス資料。

7　Joan West and Dennis West, "Taking the Measure of Human Relationships: An Interview with the Dardenne Brothers," in *Committed Cinema: The Films of Jean-Pierre and Luc Dardenne; Essays and Interviews.* Bert Cardullo, ed. Newcastle upon Tyne: Cambridge Scholars, 2009, p.132.

8　Richard Rushton, "Empathic projection in the films of the Dardenne brothers", *Screen*, Volume 55, Issue 3, Autumn 2014, pp.303–316.

9　Jean-Pierre and Luc Dardenne, Interview by Laure Adler. *L' Avventura.* Radio France, France Culture, 2008, Aug. 27, as cited in Joseph Mai, *Jean-Pierre and Luc Dardenne*, University of Illinois Press, p.55.

10　『イゴールの約束』公開時のプレス資料。

11　Joseph Mai, *Jean-Pierre and Luc Dardenne*, University of Illinois Press, p.55.

# 肩越しに『ある子供』

荻野洋一

## 唐突に始まり、唐突に終わる

ダルデンヌ兄弟の映画はいつも決まって唐突に、そして肩越しに始まる。主人公がなりふり構わぬ様子で物事に対処する姿がぶっきらぼうに。まちがっても通常の映画手法のように、ここがどこなのかとか、いまがいつでなどといった状況説明や実景ショットからきちんと入ることはない。日本では加藤泰という映画作家が、ファーストカットの最初の1コマ目からバチバチッと唐突に映画を始動せしめる稀代の才人として鳴らしたが、ダルデンヌ兄弟の映画もまた、加藤泰的にバチバチッと唐突に始動する装置としてあることが、この二人組のフィルモグラフィーから明らかだと思う。主人公は何かに対処しなければならない切迫した状況にすでに置かれていて、おのずと彼／彼女の動きはせわしないものとなり、カメラもそれをフォローするために、落ち着きなく上下左右に揺動する。主人公を正面から安定的にとらえるショットも、顔つきに表れる感情の機微を観客がじっくり読み取るためのショットも存在せず、彼／彼女に追いすがりながら、その姿を肩越しに覗きこむことに終始する。

『ある子供』(二〇〇五)は、一人の少女が生まれたばかりらしき赤ん坊を抱いて階段を上るところから始まる。せめて彼女がアパルトマンの共同玄関を開けてフレームインするところからちゃんと撮ればいいではないかと老婆心さえ見る者に抱かせるけれども、この映画の作者は、少女が階段を半分ほど上りかけた中途半端なポジショニングをもってカット頭とする。このカット頭のイン点こそは、まさにこの映画の作者の姿勢表明そのものである。つまり、映画が始まったとき、物事はすでに生成過程の中途にあるということ。映画の一時間半なり二時間なりのデュレーションが示しうる範囲としては、彼／彼女の生の始まりも終わりも作者にとってあずかり知らぬことである。作者は彼／彼女の生の濃密な時間を切り取ることにしか興味を持っておらず、また、切り取る以外のことが可能だとも考えていない。だからいつも、ダルデンヌ兄弟の映画は唐突に始まるし、そして、終わりも唐突なものとなる。ハッピーエンドもバッドエンドもこの兄弟は受け入れない。映画のラストカットが何かしらを示してから不意に黒みにゴシック文字のそっけないエンドクレジットとなっても、登場人物たちの運命が決定的な決着を見たりはしないだろう。彼／彼女の生はその後もつづく。絶望的なまでに持続的に。

## ダルデンヌ映画の二つの中心

先ほどから赤ん坊を抱いて、方々を駆けずり回る少女ソニア（デボラ・フランソワ）はまだ一〇代後半といったところか。どうやら赤ん坊の父親を捜索しているようなのだが、のっけから孤立無縁な不穏さが陰鬱な曇天のもとで強調されるばかりで、見ている側としても、彼女が探し歩く赤ん坊の父親など、どうせろくな男ではあるまいと高を括るほかはなく、また、道路で信号待ちのドライバーたちに小銭の無心をして歩くその男が見え隠れしたとき、およそ予想どおりの単なるチンピラでしかないことがわかる。ソニアの「ブリュノ！」と呼ぶ声にようやく気づいて近づいてくるこのブリュノと呼ばれる小柄な男は、よく見ると、ダルデンヌ兄弟を一躍スターダムに押し上げた出世作『イゴールの約束』（一九九六）で主人公イゴール少年を演じたジェレミー・レニエではないか。繊細さとあどけなさを残しつつも完全にチンピラと成り果てた彼の姿は、まさにイゴール少年の九年後そのものである。じっさい、自動車修理作業のついでに顧客のハンドバッグから財布を抜き取るイゴールと、近所の子供たちを使って盗ませたビデオカメラなどの金品を売りさばいて生活するブリュノは、同一人物と言っても過言ではない相貌に収まる。民泊経営の裏稼業として不法移民の斡旋で荒稼ぎする性悪な父親（オリヴィエ・グルメ）への盲従から脱し、ブルキナファソ移民の女性（アシタ・ウエドラオゴ）を親身になって助けることで自立に向かったかに見えたイゴールが、その後も盗賊の一味に身を落として生きながらえている、その成れの果てがブリュノと呼ばれるチンピラ青年だと考えればいい。

イゴール／ブリュノを演じたジェレミー・レニエは、ダルデンヌ兄弟の映画においては特別な象徴性をまとった俳優である。出世作『イゴールの約束』において後期資本主義社会の落伍者として少年期を送ることを余儀なくされる姿は、ダルデンヌ映画のファンダメンタルな像となった。レニエはその後も『ある子供』『ロルナの祈り』『少年と自転車』『午後8時の訪問者』とダルデンヌ映画に出演しつづけている。殊に『少年と自転車』（二〇一一）ではイゴール→ブリュノのさらにその後を暗示したようなギィという三〇歳くらいの男を演じている。ギィは主人公の少年シリル（トマ・ドレ）の父親ではあるものの、育児に対する能力も意欲も持たない無責任な性質で、児童養護施設に入っているシリルの面倒を放棄しており、後見人の女性に「あいつのことはもう全部任せたい」などと口にしてなんら羞恥を感じない。こうして落伍者の子供もまた落伍者という継承がダルデンヌ映画の中心問題となってくる。

ジェレミー・レニエがイゴール→ブリュノ→ギィというふうに子供→若く未熟な父親→育児放棄する無責任な父親を、年齢を重ねるにしたがって体現しつづけたのに対して、もうひとつの中心的な人物像が存在する。オリヴィエ・グルメである。『ある子供』においてはブリュノの行状を嗅ぎ回る私服刑事として以の登場にとどまるが、『イゴールの約束』でイゴールの父親ロジェを演じてダルデンヌ映画に登場して以来、『ロゼッタ』『息子のまなざし』『ある子供』『ロルナの祈り』『少年と自転車』『サンドラの週末』『午後8時の訪問者』と、父親のような重要な役柄と軽微な端役とを演じつづけてきた。『イゴールの約束』と『息子のまなざし』では物語の中心となる父親役を、それ以外では顔見せ程度の、たとえば私服刑事とか、主人公の雇い主とか、飲み屋の店主とか、これがダルデンヌ映画であることを思い出させてくれる機能を果たす役柄を演じてきたのである。

ダルデンヌ兄弟の映画とは、ジェレミー・レニエ的存在とオリヴィエ・グルメ的存在とがたがいに密着し、あるいはたがいに離反しながら作り出す磁場のようなものとしてある。そしてレニエとグルメ以外の常連役者たち――ファブリツィオ・ロンジョーネは中途半端な兄貴分として主人公の横にまとわりつく、いわばレニエ、グルメに次いで重要な俳優と言っていいし、ベルナール・マルベクスとフレデリック・ボドソンは町のいいかげんな連中としていつも印象的な顔を見せ、主人公に冷たく当たる白髪の年配者といえばジャン＝ミシェル・バルタザールと決まっており、いっぽうソフィア・ルブット、ミレーユ・バイ、アンヌ・イェルノーといった女優陣は時に主人公のだらしない母親となり、時に主人公の非行や犯罪を取り締まる役人や女性警官になったりもする――は、作品ごとに役割を替え、画面の前景にせり出てきたり、後景に退いたりしつつ、伸縮自在な映画宇宙を形成しているのである。

ジェレミー・レニエとオリヴィエ・グルメを中心に、一座の小宇宙を形成するダルデンヌ映画ではあるが、俳優一座以上に重要な要素が、舞台となるベルギー南部フランス語圏の工業地帯の中心リエージュと、その周辺都市の荒涼たる風景である。特に重要なのがリエージュに隣接するスラン（*Seraing*）。人口六万人強のこの近郊都市は産業革命期に製鉄、鋳物、ガラス工芸で栄えた、当時の典型的な新興都市であり、ダルデンヌ兄弟が育ち、兄がブリュッセルの高等芸術学校に進学するまでの時間を過ごした故郷である。直近の四半世紀、スランは工業・鉱業が沈滞し、情報サービス業へと産業の中心が移行した現代にあっては完全に斜陽化しており、一九五〇年代前半生まれの兄弟は、町の繁栄と斜陽の両方を経験してきた過渡的な世代である。地元スランに対する兄弟のまなざしはおのずとアンビバレントなものとなるほかはなく、荒涼とした風景、薄暗い曇天、生活苦にあえぐなかで他者に対する寛容さを失った住民たち、煤けた街路、老朽化したアパルトマン、これらのネガティブな要素が兄弟の映画に横溢するいっぽうで、逆にこれらの要素が必ずしもネガティブ一辺倒のものではないことも垣間見えてくる。そのアンビバレンスに気づかぬ観客はいなかろうと思う。二人のまなざしは慈愛でも憐憫でもない。かといって冷徹な客観性だけに収まるものでもない。虚飾も共感もみずからに戒めつつ状況に相対して真摯にカメラを向け、愚かな人々の群れをその愚かさもろとも隠さず見せつけながら、大いなる愛（のようなもの）でそっと包みこむ。包みこまれたという感触を相手に察知させないほど繊細に。

## ケン・ローチ、ロッセリーニ、そしてダルデンヌ

こうした作風を長期間にわたって推し進めた先駆者に、イギリスの巨匠ケン・ローチがいる。ローチはイングランド北部や中部に点在する工業都市を舞台としながら、小市民の無力さをディテール豊かに再現する。ローチの手つきには英国的ユーモアがあり、弱き者に冷酷な為政者や制度に対する熱血漢の社会主義的プロテストもある。しかしダルデンヌ兄弟の映画は、斜陽化する工業都市における弱き者のディテールを追究するという点では、まちがいなくケン・ローチの衣鉢を継いでいるが、ローチの打ち出す人民喜劇の勧善懲悪や、左翼闘士の使命感にはまったく至ることがない。やや類型化した比喩になるけれども、イタリアのネオレアリズモを例に取るなら、ケン・ローチは弱き者への共感と憐憫を情感豊かに語り

かけるヴィットーリオ・デ・シーカの側におり、片やダルデンヌ兄弟はネオレアリズモのなかでもロベルト・ロッセリーニの側にいると言っていい。ロッセリーニのリアリズムが突きつめる唯物性、実証性、観察性、考察性をダルデンヌ兄弟は明らかに継承しており、映画のメロドラマ的側面にも背を向けているからである。

ただし、ダルデンヌ兄弟のリアリズムは、ロッセリーニのそれとも少し異なる。ロッセリーニのフィルモグラフィーは作家自身の人生のブレによって大きく変容しつづけ、一見すると一貫性がなく、不安定なフィルモグラフィーとなっている。戦時中は国策映画に邁進したかと思うと、戦後は一転してレジスタンス映画で国際的評価を得る。ハリウッドスター、イングリッド・バーグマンとの不倫愛の末にパートナーとなった五〇年代は夫婦間の人間洞察を究めた作品を連発するもキャリアは不遇となる。フランスの映画批評誌『カイエ・デュ・シネマ』が不遇時代の作品を擁護しなければ、ロッセリーニの今日における評価はかなり異なるものとなったかもしれない。キャリア後半は劇映画からも離れ、テレビ向けの歴史映画、教育映画に熱中するようになる。もちろんこのような非一貫性は単に否定されるべきものではなく、むしろロッセリーニの旺盛な創造意欲とおおらかな感性を雄弁に示してもいる。

いっぽうダルデンヌ兄弟のフィルモグラフィーには、ロッセリーニのように作家の人生に呼応したブレが認められない。頑固と言ってさしつかえない規則性が、粛々と映画製作を実践してきた兄弟のフィルモグラフィーを支配しており、その作風の一定さ、カメラワークの一貫性は、他の追随を許さないほどである。いわゆる「ぶん回し」と呼ばれる手持ちカメラの揺動は、野放図な放任主義がもたらしたものではない。フレーミングの不安定さとは裏腹に、緻密な事前カメラテストとリハーサルによってもたらされたのが私たちの画面だと、兄弟本人がインタビューで述べている。[1] 兄弟だけで撮影予定場所で三ヶ月のテスト、俳優を入れてさらに三ヶ月半のテスト。撮影本番では、数十回も執拗にテイク数が重ねられるという。

兄弟の執拗な規則性は、映画のタイトルにも表れている。初期の習作やドキュメンタリー作品は比較的長く、文学的な薫り漂うタイトルが多かった。たとえば *Lorsque le bateau de Léon M. descendit la Meuse pour la première fois*（レオン・Mの船が初めてムーズ川を下る時）（一九七九）や *Pour que la guerre s'achève, les murs devaient s'écrouler*（戦争が終わるには壁が崩壊しなければならない）（一九八〇）といった具合に。長編劇映画に進出してからは、シンプルなワンワードのタイトルばかりとなる。出世作『イゴールの約束』の原題は単に *La Promesse*（約束）だったし、主人公の名前をとっただけの『ロゼッタ』（一九九九）に、『息子のまなざし』（二〇〇二）の原題は単に *Le Fils*（息子）だった。この次にくる『ある子供』は *L'Enfant*（子供）。そして『ある子供』をもってワンワード時代の完成形を見たのか、これ以降は最低限の形容が添えられるようになる。『ロルナの祈り』（二〇〇八）は *Le Silence de Lorna*（ロルナの沈黙）というように。『少年と自転車』（二〇一一）は *Le Gamin au vélo*（自転車に乗る子供）。『サンドラの週末』（二〇一四）は *Deux jours, une nuit*（二つの昼、一つの夜）。『午後8時の訪問者』（二〇一六）は *La Fille inconnue*（見知らぬ少女）。『その手に触れるまで』（二〇一九）は *Le Jeune Ahmed*（若きアメッド）。最新作『トリとロキタ』（二〇二二）は『ロゼッタ』同様、単なる人名である。

日本語タイトルは配給会社が工夫を凝らしたバリエーションによって仕立てられているが、原題はそっけなくファンダメンタルなワードでしかない。さらに指摘すべきなのは、「約束」にしろ「息子」にしろ「子供」「自転車に乗る子供」「見知らぬ少女」「若きアメッド」にしろ、とにかく若者を指し示す三人称単数がただ単に放り出されていることである。「二つの昼、一つの夜」という数詞が重要なケースを除き、三人称単数がもっぱら定冠詞 le/la によってカチッとトッピングされる。これはダルデンヌ映画がつねに主人公のすぐそばまで寄り添い、彼／彼女の行動にのみカメラの視線が絞りこまれることを意味する。それ以外の要素は極力排されて、多少は描かれたとしてもそれは主人公の状況変化を支えるための、やむにやまれぬ場合のみである。

## 「子供」とは誰か

したがってダルデンヌ映画とは、きわめて個人主義的、極私的な色彩を帯びた規定の映画ということになるのだろうか。もちろんそれもあながちまちがった解釈ではないが、一面的なものでしかない、ということをこれから説明していきたい。『ある子供』の原題「*L'Enfant*（子供）」に言う「子供」とは、いったい誰のことなのだろうか。第一義的にはソニアとブリュノとのあいだに生まれたばかりの赤ん坊ジミーのことになるだろう。ジミーこそ、定冠詞によって規定された*L'Enfant*を担うべき唯一の存在でなければならないはずである。ところが本作を見た観客なら誰もが気づいたように、*L'Enfant*とはジミーのことであるよりも、ジミーの若き父親ブリュノの、不良少年の心性から脱却できないブリュノの、未熟かつ自分本位の行動様式を指しているのである。映画の前半こそソニアも*L'Enfant*の要素を見せてはいる。我が子を大事に抱えながらも、ブリュノと無邪気にふざけあう様子がなんとか描かれ、彼女もまたつい数日前まではブリュノと同程度の未熟者であったこと、若く孤独な少女と青年が悪事とままごと遊びのはざまで仲良く依存しあってきたことを物語る。しかし、ブリュノがほんの思いつきでジミーを人買いに売るという愚行を働いてから事態は急転直下、ソニアとブリュノは正反対の方角へと向かっていく。ブリュノはどこまでも愚行のスパイラルにはまっていき、ソニアは我が子を取り戻して以後は*L'Enfant*であることをやめ、ひたすら母親としてのみ画面に登場することになる。

ソニアとブリュノの子ジミーはどうか。生後数日しか経過していない以上、ジミーのパーソナリティに触れられる場面はない。ただただ無防備に、若きカップルの都合次第で無言の移動を余儀なくされるのみである。そして興味深いことに、ジミー役にはなんと二一人もの名前がクレジットされている。ダルデンヌ映画の製作が一人の赤ん坊だけではまかないきれないほど周到な準備と段取り、重い負担を必要としているからだろう。私たち観客は、母親に抱かれ、後部座席に乗せられ、乳母車に寝かせられ、また時には人身売買のマーケットに供される流転の赤ん坊の役が、ロケーションごとに何食わぬ顔ですり替わった二一人の「俳優」によって「競演」されてきたという驚愕の事実に気づくことはまずない。むしろ気づかされるのは、それほどまでにジミーが非人称化された存在としてあり、*L'Enfant* とはジミーのことではなく、ブリュノのことであるという実態が如実に強調されている点にほかならない。

ここに至り、ダルデンヌ映画の頑迷なまでにファンダメンタルな三人称単数性が、そのシンプルな安定とは別の様相を呈しつつあることにも気づかねばならないのではないか。*L'Enfant* というシンプルな冠詞＋名詞が第一義的なジミーを指すことなく、ソニアでもなくなり、ブリュノでしかない、と合点したまさにその瞬間、タイトルの語義そのものに亀裂が入り、疑わしいものへと変貌していく。そのとき、*L'Enfant* という三人称単数は擬似的、理念的に複数性をまとい始めるだろう。単語と対象物とが等号で結ばれなければならない定冠詞付きの三人称単数が、みずからその自明の等号を拒むのである。そのとき *L'Enfant* は特定の子供であることをやめ、不特定多数の子供へと敷衍され、ブリュノはこのブリュノであるのかあのブリュノか漠然としてきて、第二第三のブリュノが生起し、さらには私たち一人一人の内面のブリュノ的資質にまで指示対象が拡張される。この段階に至り、*L'Enfant* はその語のなかに無数の *l'enfant, l'enfant, l'enfant, l'enfant...* を内包し、さらには「ダルデンヌ語」において抽象名詞、概念名詞へと横滑りしていく。そもそも定冠詞には「総称的用法」があり、定冠詞＋単数形は単語の表すものの総体を指してもいる。しかしダルデンヌの定冠詞は、もっと凶暴な増殖性を帯びているのだ。

この増殖作用は *L'Enfant* にとどまるものではない。*La Promesse*（約束）にせよ *Le Fils*（息子）にせよ、あるいは *Le Gamin au vélo*（自転車に乗る子供）も *La Fille inconnue*（見知らぬ少女）も同じ手続きをへて、単数のなかに暗黙のうちに複数性をまとい、同時に抽象語の様相も呈することになる。ダルデンヌ映画を見るとは、この複数化、抽象化を見きわめ、さらにはみずからのうちに「子供」を「息子」を、「自転車に乗る子供」を「見知らぬ少女」を発見することにほかならない。問題考察、社会批判を大きく逸脱したこの横滑りに耐えることによって、ダルデンヌ映画のスリリングな様相が見えてくる。

## 「ぬかるみ」と「乗り物」

兄弟の映画にたびたび出現する「ぬかるみ」のことに思いを巡らしてみたらいい。『ロゼッタ』のなかでロゼッタ（エミリー・ドゥケンヌ）は沼に落ち、足を取られて抜け出せなくなる。この「ぬかるみ」は自然界にパックリと口を開けて彼女を待ち構える危険そのものであり、いちどはまったら抜け出せなくなる窮状のメタファーでもあり、ダルデンヌ映画における水辺というものの禍々しさの象徴でもある。ロゼッタは去っていく母親（アンヌ・イェルノー）に向かって助けを求めるが、母親はすでにカメラの視界から消えている。母親にはロゼッタの助けを求める叫びが聞こえなかったのか、聞こえても無視して去ったのかさえ説明外の事象としてしまう。映画のなかではご丁寧にも、もう一回、沼にはまるシーンがある。ロゼッタのアルバイト先のワッフル屋の店員リケ（ファブリツィオ・ロンジョーネ）がスクーターでロゼッタの住むキャンピング場を訪れ、沼に落ちるのだ。リケは目の前にいるロゼッタに助けを求めるが、ロゼッタは一瞬リケを見殺しにしようと考え、思い直し、木の枝を差し出して救助する。自然界の偶然の脅威に見せかけてメタファーの禍々しさも備えた「ぬかるみ」は、『ある子供』においてはブリュノや彼の子分たちがアジトにしているぬかるんだ川岸に変容する。リエージュ近郊を縦断する大河であるムーズ川は、たびたびダルデンヌ映画の水景として画面に横たわる。ブリュノたちは元々この川岸周辺にたむろしていたはずなのに、最後の段になって、パンクした彼らのスクーターはぬかるみにはまって動かなくなる。さらに、真冬の水面下に身を沈めて隠れたことが、彼らを破滅に追い込むことになる。

「ぬかるみ」あるいはその変形としての「水辺」というキーワードを挟みこむことで、*L'Enfant* も *Rosetta* も *La Fille inconnue* も未知の等号で結ばれ、複数化と抽象化が進行する。*La Fille inconnue* つまり『午後8時の訪問者』のアフリカ系の「見知らぬ少女」もまた何かにつまずいてムーズ川の川岸に落下し、命を失ったのではなかったか。一言で人間の業と言ってしまっては単純化しすぎであるような何かの機能性がある。

あるいは「乗り物」というキーワードを代入してみてもいい。先ほど『ある子供』のブリュノと子分の少年スティーヴ（ジェレミー・スガール）がスクーターで川岸に降りて行き、パンクしたままぬかるみにはまって身動きが取れなくなるショットのことに触れた。そもそもスクーターという乗り物じたいがダルデンヌ映画にあっては、呪われた乗り物だと思えてならない。ダルデンヌ映画の若き主人公たちは好んで乗り物を乗り回す。『イゴールの約束』のゴーカート、『ロゼッタ』『ある子供』のスクーター、『少年と自転車』のマウンテンバイク。こうした乗り物を走らせるのは、閉塞した生活を送る彼らには自由の風を受け止める機会として歓迎されている様子だが、じっさいにはこうした乗り物に乗ることによって、彼らの身には良からぬ事件が発生する。兄弟の映画に最も頻繁に登場する乗り物といえば路線バスが挙げられるが、公共交通機関はどうやらこうした禍々しさを免れているようだ。しかしゴーカート、スクーター、マウンテンバイクといった個人向けの乗り物となると、とたんに不吉さが漂ってくる。また自動車についても『イゴールの約束』『息子のまなざし』『午後8時の訪問者』を見るかぎり、芳しい乗り物とは言えない。

その不吉さが表出した頂点が『ある子供』のスクーターであり、乳母車である。意気揚々とスクーターや乳母車を購入して有頂天になるブリュノや子分少年は、スクーターと乳母車からしっぺ返しを喰らう。映画の後半になって、ブリュノは人身売買事件のためにソニアの信用を完全に失い、「乳母車と一緒に消えて!」と毒づかれて絶交を宣告されたあと、無人の乳母車を虚しく押して街道を歩いている。この虚ろさこそ君そのものだよとそっと言ってやりたくなるほどだ。次に、窃盗に失敗して警察に捕まった子分少年スティーヴの代わりに、彼のスクーターを押して歩くブリュノがいる。川岸の「ぬかるみ」にはまって身動きの取れなくなったスクーターは走るという自身の機能を忘れてしまったか、ただ人間に押してもらうだけの無用の長物と化している。*L'Enfant* という定冠詞によって規定されたはずの三人称単数が、「ぬかるみ」だの「水辺」だの「スクーター」だの「乳母車」だのといった神経過敏な語を代入することによって、無用の長物を虚ろに連れ歩きつつ、抜き差しならぬ複数化と抽象化へと向かう。

**「一つまみの砂糖」が提示するもの**

『ある子供』は公開当時、荒涼とした物語の最後の段になって、一筋の光明を見出した観客の感動を誘った。刑務所に面会に訪れたソニアが、自動販売機で紙コップのコーヒーを買って席に戻ってくる。コーヒーを一口飲んで思わず泣き崩れるブリュノに対して、ソニアも額を押し当てて涙を共有してくれている。このコーヒーの苦味と芳香を一筋の希望の光として受け止めたい観客の欲望を、理解できなくもない。しかし、悔恨と安堵の涙がブリュノの改心を保証するものではない。涙で応える直前のソニアの射るような視線は、ブリュノという人間のありようを見抜き、彼の未来を透視しようとしている。とにかくソニアはジミーにはブリュノのような男に育ってほしくないだろうから。

ダルデンヌ兄弟は言う。「「社会の犠牲者」として物語を語りたくない。そこから抜け出す希望を作品には持たせたいのです」[2]。希望につながる可能性は見せる。しかしこの点が兄弟の一筋縄でいかないところで、渋茶のなかに一つまみだけ落とした砂糖の甘みを、現実以上に甘く思わせる歪曲効果を利用している。希望の可能性を一つまみだけ落とすにとどめ、希望の実現までは見せない。この渋茶のなかの一つまみがどれほど垂涎のものかを、兄弟は熟知しすぎるくらいに熟知している。『ある子供』ラストのブリュノとソニアの落涙の美しさ、そして数多くの試練を経験したシリル少年がそれでも手放さなかったマウンテンバイクに乗り、街角を曲がってフレームアウトする『少年と自転車』ラストの美しさ。『少年と自転車』ラストのフレームアウトは映画史上最も美しいフレームアウトのひとつだろう。これらの美がいかなる解決も保証しないことは誰もが承知の上だ。しかしとりあえずの句読点を、一つまみの砂糖を求めている。

その瞬間、スクリーンを見つめる観客の肩越しに、兄弟のささやきが聞こえてきはしまいか。そのひそめた声は、どうやら次のように聞こえる。――これは君たちの物語だよ。

1　『ある子供』劇場公開時パンフレット（二〇〇五年一二月　ビターズ・エンド刊）
2　同前

# 「沈黙」に芽生える「愛」『ロルナの祈り』

菊井崇史

## 「沈黙」と「偽装」

　ダルデンヌ兄弟が『ロルナの祈り』（二〇〇八）の仏語原題 *Le Silence de Lorna*（「ロルナの沈黙」）にこめた「沈黙」の意図をしったとき、わたしは意表をつかれた気がした。本作はわたしにとってダルデンヌ兄弟監督作品との出会いの一本にあたるのだが、予備知識なく観たおよそ十年前とは異なり、「沈黙」と不可分の「偽装」をテーマにもつという監督の意向は、今回あらためてこの映画にむきあううえでの指針となった。[1] 初見の折、この原題を意識した覚えはない。たとえそれをしっていたとしても、作品を観ただけでは、監督が「沈黙」を映画の名に付した理由に辿りつくことはなかったのではないかとおもう。わたしは同作から、監督が語る意図とは別の「沈黙」を感じていたはずだ。「あなたは生きて」とロルナが囁く終盤の場面の静けさは、邦題に選ばれた「祈り」に隣接する「沈黙」を受けとめるに充分だった。しかし、監督の意図はそれだけでかたづけられるものではなかったのだ。「沈黙を守ったがゆえに、彼女は〈にせもの〉のただなかに幽閉されてしまう」とリュック・ダルデンヌは言う。[2]「にせもの」をとおして、ロルナは「ほんもの」の感情に出会うのだ、と。故郷のアルバニアを離れベルギーで暮らす移民のロルナが、その地で国籍を得るため、ベルギー人のクローディと偽装結婚をしている、という設定のみをさしているのではない。「沈黙」がゆえの「にせもの」、あるいは「沈黙」と表裏一体の「偽装」は作中様々なかたちで変奏されている。

ロルナの偽装結婚の相手クローディは麻薬中毒者であり、クリーニング店で働き生計をたてる彼女との暮らしに余裕はない。偽装結婚を仕組んだブローカーであるタクシー運転手ファビオはあえて麻薬中毒者をロルナの相手に選んでいる。ロルナにとって、その暮らしは目的自体ではなく目的への過程であり、ファビオの手引きで彼女が加担する計画はクローディとの偽装結婚にとどまらない。ロルナの偽装結婚は、彼女が国籍を取得した後、クローディを亡きものとし、ベルギー国籍を求めるロシア人と彼女を再婚させる国籍売買計画の一環なのだ。同郷の恋人であるソコルと店をもつ夢を叶えるための資金を必要としていたロルナは、クローディを犠牲にする計画を受け入れていたが、彼はその全貌をしるよしもない。クローディにとってロルナは偽りの結婚相手以上の存在になっており、彼女を心の拠りどころに自身をかえようと麻薬を断つことを試みている。ときに弱々しく、ときに語気を荒らげ、クローディはロルナに助けてくれと懇願する。ロルナの名を呼ぶ声には、傍にいてほしい、という切々たるおもいが滲んでいる。当初はそんなクローディを無下にあしらっていたロルナにも彼への新たな感情が芽生え、揺らぎが生じる。ロルナは彼を殺させないため、必ずしも計画の遂行にそぐわない行動をもとめるのだ。ファビオにたしなめられても、ロルナはクローディを助けるためにひとり奔走する。しかし、報われたかに見えた二人の生活は無情にも終止符がうたれる。

ここまでが本作前半のあらましであるが、監督は「沈黙」を映画タイトルに付した理由を次のように説明している。「私たちが、この映画のフランス語の原題を『ロルナの沈黙』としたのは、それゆえなのです。ロルナは、ほんものの行いをしたいのであれば、クローディに対して〈あなたは殺される〉と真実を告げるべきであって、沈黙を保つべきではなかったのです」と。[3] そして「沈黙を守ったがゆえに、彼女は〈にせもの〉のただなかに幽閉されてしまう」と言葉を継ぐのだ。わたしたちはここで「真実」を言わない、もしくは伝えられないという、差し止められた発話のありように「沈黙」が見出されていることをしる。彼女がいだく心理と、置かれた状況にしいられた行動のある種の乖離、齟齬を「沈黙」が媒介しているのだ。確かにロルナは、クローディを助けるという意志を胸中に宿してさえ、計画の実際をあかすことがないまま、彼が殺されずに済む方法として離婚を画策し、彼が彼女に暴力を振るったという事実の捏造を試みる。ロルナはクローディに彼女を殴るよう促し、それを拒否されると自身を傷つけてまで離婚へと急くのだ。偽装工作が功を奏し、離婚は認められるが、ロルナの意に反してファビオは薬の過剰摂取を偽装することで当初の計画を強行する。「彼女は、ほんとうはクローディを助けたい、倫理的に真摯に向き合いたいと思っています。(…)〈ほんもの〉のことを成し遂げるために、ロルナは偽装を続けなければいられない」[4]との説明は、ロルナが状況にしいられた「沈黙」を破れずにいながらも「偽装」によって事態にあらがう行動を選択するさまを端的に解説しているが、くわえて「沈黙」と「偽装」の関係の意図は、物語内の出来事にとどまるものではない。ダルデンヌ兄弟は、作中、重大な出来事であるクローディの死の場面を描いていない。映画の話法上、その場面自体を言わない、口を噤むという「沈黙」を選んでおり、その映画の構造を監督は「偽の仕掛け」というのである。

「クローディが殺されるシーンを完全に欠落させました。(…)私たちは観客を偽の仕掛けによって騙そうと試みたわけです」「この偽の仕掛けこそが、クローディに対するロルナのほんものの愛を導き出すことになるのです。そのお蔭でクローディがいなくなった後のほんものの欠落感が作り出されるのです。そして、その欠落感があるからこそ、クローディの存在は後半、逆にすごく強くなっていきます。観客はクローディが死んだということがわかって、あそこでなにかが欠けていた、映画のリールが一巻欠けていたに違いないと、後になって気がつくのです」と[5]。ロルナがクローディにたいして事実を言わないことを

「沈黙」とすれば、クローディの死のシーンの「欠落」は、「ロルナの沈黙」という作品自体の「沈黙」にあたるものである。前半と後半とをわかつこの「沈黙」をあまりにも厳しい隔たりとしているのは、その直前直後、次のように描かれるロルナとクローディの感情のたかまりと関係の深まり、そして彼の死後を生きるロルナのすがただ。

ロルナを心の支えに麻薬を断つため入院していたクローディが突然、彼女の職場に顔を出し、退院したことを告げる。ロルナを驚かせたかった、夕食の準備をして待っていると話すクローディの表情はどこか晴れやかですらある。その夜、帰宅したロルナは、裁判所から届いていた離婚を認める文書を手にする。離婚が成立したからには、偽装結婚は解消され、クローディが殺される必要はもうない、そのことを急いでファビオに伝えようとロルナはクローディをのこして家を出る。ファビオは表面上、彼女の言い分をしぶしぶ容認する。その後、ロルナが再び帰宅すると、彼女に見放されたと勘違いしてか、やけをおこしたクローディが部屋に麻薬の売人をあげていた。ロルナは売人を追いだし、クローディに立ち直るよう伝えるが、拒絶する彼とこぜりあいになり、ロルナは身体をふるわせながら服を全て脱ぎ、彼の前に立つ。クローディの服を脱がせ、二人は裸でつよくだきあう。翌日、通りを歩きながらクローディは、またロルナの職場を訪ねてよいかときく。ロルナを見ていれば耐えられる、と。後で会う約束をしたのち、それぞれの道にわかれた直後、ロルナは不意に、笑顔で自転車に乗るクローディの後を追って走り、手をふる。それはわたしにとって本作中、彼女の最も忘れ難い笑顔だった。

ダルデンヌ兄弟が「欠落」を配置するのは、烈しい衝突と結びつきを経て最も穏やかで幸福な気配がただよう場面の直後である。次のシーンでは、ロルナが部屋でクローディの持ち物を整理している。その後、衣料品店で男性用の服を探す。ロルナの表情から感情を読みとることは難しいが、笑顔ではない。続くシーン、「先ほどご遺族が来て葬儀代の清算を」と告げる男とのやりとりの後、最後に一目会わせてほしいというロルナに、もう見たでしょうと男は言うが、「私は妻よ」とかえす彼女のつよいことばの響きが、クローディの死を伝える。おそらくはこのシーンまで観客は、クローディの音楽プレーヤーや衣類を手にする彼女の行動の理由を確定しようがない。死を断じきれるはずもない。この不確定の印象を与えるのは監督が配した「欠落」である。その後、引っ越しの支度をしているロルナの隣でファビオは、彼女にだまって計画を実行したことを感謝しろと言う。そして自分たちは共犯だと念をおす。警察が事情聴取に訪れ、クローディが離婚をショックに薬を過剰摂取したのではないかとロルナに死の前の彼の様子を尋ねるとき、ロルナだけでなく映画を観る者もまた、生き直そうとするクローディを、そして幸福な表情の二人のすがたを思い出すだろう。感情をこらえるように顔をふるわせるロルナの心境がくるおしく伝わる。

ダルデンヌ兄弟は「欠落」という「沈黙」によってクローディの死に際を描かないだけでなく、彼の死をしらされたロルナを描くこともない。周到に時間経過を挿しこんでいる。これは物語上、悲しみを劇的に強調する話法ではないかもしれない。もし劇的であることをのぞむならば、彼らが「欠落」させた出来事のなかにも見せる場面はあっただろうと想像できる。「偽の仕掛け」の目論見は別にあるのだ。ここであらためて、ダルデンヌ兄弟がロルナという登場人物をめぐって語る「沈黙」を介した「偽装」と「真実」との認識を確認しておきたいのは、それが物語上不可欠なかけひきであるだけでなく、その見地がそのまま映画という実践についての考察であるかのように読むことができるからだ。そもそも、映画の手法上、連続性あるいは断絶性を仮構するとき、ショットとショットの繋ぎには時空間の切断が原理的に不可避のはずである。その仮構をいかに意図するのかは、映画の問いとして避けてはとおれない。何をうつし何をうつさないか、何をのこし何を欠落させるのかという問いと実践は、作品によって異なる手法で試行されるだろう。その一つとして、かつて彼らが「見せないこと」の重要性を語っていた発言を引いておきたい。「映画作家としてどうあるべきか長い間迷っていました。(…)ドキュメンタリーでデビューしたので、それに捕らわれすぎていたのです。登場人物と同じ不幸や幸福に人を同一化させる有効な手段━つまり真実を物語る方法を上手く生み出せずにいました。特殊効果もなく、ステレオタイプのシナリオもなしで、みんなのための映画を作るというのは生易しいことじゃありません! 転機は『イゴールの約束』の作業中に訪れました。突然、「重要な物事を観客に見せたり隠したりするには、一体どこにキャメラを置けばいいのか」という映画の主要な問題に答えを見つけたんです。映画において、監督が見せないものは、見せるもの以上に重要なんです、逆説的なことに! イメージのフレームをうまく決めることが肝要です」[6]。ここで語られている「見せないもの」の重要性は、ある位置に置かれたキャメラにうつされるフレームの内部とその外部の関係だけでなく、複数の方法論に展開することができるはずであり、本作の意図的な「欠落」によって彼らはその一つの方法を実践したとおもえる。「真実を物語る方法」として、である。ここに「〈ほんもの〉のことを成し遂げるために、ロルナは偽装を続けなければいられない」という発言をかさねることで見えてくる連環があるのではないか。エンディングへむけてロルナがいたる「真実」と映画が物語る「真実」の連環が。

クローディを殺させないというロルナの願いが潰え、進められる国籍売買の計画に接するロルナの揺らぎは顕著である。ロルナはこの時点で計画から降りてはいない。クローディを死なせてしまった悲しみや計画に加担しつづける葛藤が秘められているかもしれないが、彼女は再婚相手となる予定のロシア人と会い、ファビオから計画の経過に即した金を受けとり、恋人のソコルと店の物件を探しもする。その最中、ロルナに決定的なことが起きる。契約した物件の間取りを電話でソコルに伝えていると、彼女は腹痛に見舞われる。その後、病院のシーンに転じ、診察を受ける彼女は「堕ろしたい」と医師に告げるが、エコー検診を受ける寸前、彼女は検査室を飛び出し「堕ろしません」と涙にむせぶ。ロルナはファビオに妊娠したと告げ、彼はそれを他言しないよう口止めするが、彼女は妊娠していても結婚するかとロシア人に尋ねる。二度と逆らうな、言うとおりに動けとファビオに恫喝された直後、彼女は再び腹痛におそわれしゃがみこむ。病院でロルナは、ソコルではなくクローディの子だと告げるが、そこに来た医師はロルナに妊娠していないことをしらせる。ロルナは病院で、離婚のため自傷したときに出会った看護師を見つけ、あとで部屋に来るように頼む。次のシーンでは突如、打ち止めになった国籍売買計画の清算がおこなわれている。ロルナはファビオの信頼を失い、ロルナとソコルのやりとりからは互いのおもいがもう褪せてしまっていることがうかがわれる。アルバニアへ帰国するように命じられ、ファビオの手先の車に乗せられたロルナは、不穏な空気から身の危険を感じとって逃げ出し、森の中に見つけた廃屋のような小屋に身を寄せ、からだを横たえる。

後半の冒頭から、クローディの死に接したロルナは、二つの感情を同時に生きているように見える。一つはクローディの死に対峙するロルナ、一つはそれでも元来の目的に加担するロルナである。二方間の揺らぎを最終的に停止させるのが、「子」の存在であることは疑いえない。そして、「子」に導かれるロルナの心理の方位が「真実」の位置をさしているのだ。「ロルナにとっては空想上の妊娠なのですが、その架空の子供がクローディに対する〈ほんもの〉の感情を生み出すのです。彼に対する罪の意識、真の贖罪感を彼女が発見できるのは、その〈にせもの〉の子供のお蔭なのです」[7]と監督は告げている。「子」の存在によって、「偽装」と「真実」の関係はラストシーンに収斂されるのだ。物語上、そして映画の方法上、「沈黙」と「偽装」は幾度も変奏されていた。「真実」を「沈黙」しながらもクローディを助けようとしたロルナは、ファビオの「沈黙」によってクローディを失った。「真実」を外部に口にできずにいたロルナが「沈黙」を破ったという意味でも重要な出来事、ロルナが看護師に秘密をうちあけたであろうシーンを映画は描いていない。ここにも「沈黙」、「欠落」を見てとることができる。次のシーンではもう、計画は潰えているのだ。ロルナ、クローディ、ファビオ、ソコル、彼女彼らのかけひきをふくめて「沈黙」と「偽装」は交錯し、映画の話法が決定される。その帰結がロルナにとっての「子」であり、物語の結末を導くのだ。「私たちが最初に〝想像妊娠〟のアイディアを思いついたのは、クローディの遺体を見せないと決めた時です」[8]という発言から、わたしたちはあらためて、映画の構造、その話法と、映画がつむぐ物語の関係をしることができる。

## 「真実を物語る方法」としての作為と作為の消失

ここまで監督が言及した「沈黙」と「偽装」さらにはその対比としてある「真実」を指針に本作を辿った。登場人物の行動と映画の構造とを連環させて語るダルデンヌ兄弟の意図とその実践をわたしたちは本作から充分に汲みとることはできる。だが同時に、彼らが語る認識が明晰であればあるほど、真偽の観点だけではかたづけられない作品の位相を感じることも事実である。例えば、彼らがロルナの「子」を〈にせもの〉の子供」と語るとき、「偽」の水準において「偽装結婚」や離婚のための自傷という偽装工作と一括りにできるのかという問いは避けがたく生じるだろう。ここで作為という視点を考えてみたい。監督が「観客を偽の仕掛けによって騙そうと試みたわけです」というとき、「ファビオとロルナはクローディや観客に対しても偽りを演出してきたのです」[9]というとき、わたしたちは映画上の「仕掛け」を問うことができるが、そもそも映画は「偽装」を目論むよりも以前に、仮構という作為を前提とするのであり、彼らがかまえる仮構の方法論にこそ「真実」の所在を確かめることができるだろうからだ。

「偽装」は意識的にしろ無意識的にしろ、その行為が自他いずれかを欺く対象をもつ意志のうえになされるものだとするならば、ロルナにとって目的は全く別であるが、「偽装結婚」はいうまでもなく、離婚のための自傷行為も「偽装」に該当するだろう。「偽」は嘘に近似する。だが、クローディの子を宿していると体感するロルナは、一切嘘をついてはいない。病院で医師に妊娠していないことを告げられ、それをきいていたファビオに「なぜ〝妊娠した〟と?」と問われたとき、つまりはなぜ嘘をついたのかと迫られたとき、「誤診だ」とかえしたロルナはまぎれもなく真実は自らの側にあると信じている。彼女はファビオとのかけひきでそう言っているのではない。ここでは「偽装」はおろか、作為すら消失している。ただし、本作をあらためて振りかえるとき、ロルナの「子」にかかわるものだけでなく、作為の消失を幾度も見つけることになり、その顕著な場面として前半末尾のロルナとクローディが裸でだきあうシーンを挙げることができる。「ロルナはあのシーンで何が起こっているのか自分自身にもわかっていません。ただ、やむにやまれぬ、自分でも説明できない衝動に突き動かされるようにして、予期せぬ行動をとってしまうのです。私たちは、厳密にキャメラの位置を決め、彼女の演技によって、あくまでそれが自然に起きてしまったというふうに演出しました」[10]と監督は当のシーンについてふりかえっているが、わたしたちはこの発言から、二つの側面において作為の消失を受けとることができるだろう。一つには物語内の出来事として、彼らはこのときロルナがとった行動に作為が介在する猶予がなかったのだと告げている。クローディへのおもいにより生じる突発的な行動だったのだと。もう一方、映画の仮構の水準においてその出来事が「自然に」起きたと演出したという彼らの発言に、ダルデンヌ兄弟の本作品のスタイル、ひいては映画という仮構における作為と作為の消失の関係について重要な見地がしめされているようにおもう。

ダルデンヌ兄弟がカメラの位置や俳優の演出等、綿密な準備のもとに撮影をおこなうことはしられており、「彼らの演出は、視線やしぐさなど、細かい動作にいたるまでとても明確で、即興の演技というのはほとんどない」[11]とファビオ役の俳優ファブリツィオ・ロンジョーネが述べているとおり、本作も例外ではない。彼らは作為を徹底することで、作為が消失したかのようなリアリティーを映画にもたらす。わたしたちは少なくとも本作が映画であることをしっているし、作為の結果であることをわかっているが、それを「偽装」だとはおもわない。先に、ドキュメンタリーから出発した彼らが以後「真実を物語る方法」を模索したという発言を紹介したが、作為とは当然、フィクションにのみ介在されるものではない。わたしたちは劇映画もドキュメンタリーも含め、映画作品をなにかしらの「物語る方法」をとおして受けとる。その「方法」に意識的に対峙することで作品を生みだす彼らは、作為の忌避や即興によって作為から遠ざかろうとするのではなく、緻密な作為から「自然」さを生起させるリアリティーを映画に獲得させている。これは「偽の仕掛け」という意識とは別の水準における、ダルデンヌ兄弟の仮構、作為への態度である。

ダルデンヌ兄弟の作品の軌跡において『ロルナの祈り』で試みられた転機的な手法については、それまで使用していた可動性のたかいスーパー一六ミリから三五ミリキャメラに変更したこと、劇伴を入れずエンドクレジットにおいても音楽をつかわなかった彼らがエンディングにベートーヴェン「ピアノ・ソナタ第三二番ハ短調作品一一一第二楽章アリエッタ」を使用したこと等、多く言及されているとおりであるが、これらは、ダルデンヌ兄弟が、新たな試みとして大人の女性を主人公にしたロルナをいかにうつすのか、いかに見せるのかという方法論に帰結する。監督は三五ミリのキャメラを選んだ理由について、街のシーンを人工照明なしで撮りたかったこと、[12]三五ミリキャメラで撮ったような効果を出すために特別な装置を装着し小型デジタルで撮影されたジャ・ジャンクー監督の『長江哀歌《エレジー》』（二〇〇六）に感銘を受け、ならば自分たちはほんものの三五ミリを使用しようと思ったことをあかしているが[13]、その重さゆえに動きに制限をもたらす三五ミリキャメラの選択は、ロルナをより客観的に見つめる距離にかまえられるため適切だったようである。

「『ロゼッタ』や『息子のまなざし』の時のように主人公のエネルギーの中にキャメラが入り込むのではなく、遠ざかろうと思ったのです。ロルナというヒロインはよくスフィンクスに喩えるのですけど、謎めいた神秘的な存在です。彼女は動かずにそこにいるのですが、その内面ではさまざまな複雑なことが起こっている。私たちはシナリオを書く段階から、彼女をただ遠くからじっと見ていようと語り合いました。なぜならば、彼女は複数の男性に対して戦略を立て、それぞれの方向にエネルギーを向けています。ですから、彼女のエネルギーの中に入り込むよりは、彼女を記憶し、見続け、観察しようと決めていたのです」[14]と述べられる彼らの試みは結果、一義的に形容できないロルナの内なる感情のうつろい、感情と状況とにせめぎあう表情や行動の機微をうつしだしている。本作にはロルナが居合わせないシーンはなく、キャメラは彼女の視点でというよりも彼女へのまなざしを持続してゆくが、このまなざしがもっとも際立つのが森に逃げこんでからの場面だとおもわれる。それまで、クローディやファビオ、ソコルとの関係のなかに生きるロルナをうつしていたまなざしは、終盤、ロルナのみとむきあうことになる。ここで観賞者とロルナが一対一になるときこそが、最後にロルナがいたる「真実」、そして映画がいたる「真実」がかさなる瞬間ではないか。わたしはここに「偽装」ではない「沈黙」を見る。

## ロルナの真実、映画の真実

本作が発想された契機についてダルデンヌ兄弟は、『息子のまなざし』を終えたとき、彼らがブリュッセルで麻薬中毒患者らの世話をしているソーシャルワーカーの女性に会ったことをあげている。[15] 麻薬中毒者であった彼女の肉親は、アルバニアのマフィアから偽装結婚の申し出を受けた。薬の過剰摂取が死因と見做される死亡例に疑わしいものがあることをしっていた彼女は、肉親に注意を促した。この話をきいたことが、子供ではなく大人の女性を主人公にしたいと当時彼らがかかえていた物語の構想と結び付いたのだと。「いつも登場人物を、ある社会状況に依存した人たちの中から選んでいる」[16] と監督は言う。「今日の世界はお金や、お金で手に入る名声、地位を夢見させます。ロルナが誘惑されるのも無理はないし、彼女が陽のあたる場所に出ようとするのももっともな話です。（…）ロルナのような移民はマフィアの格好の餌食になります。彼女のような人はどんな悪辣な手口にも手を貸しますすし、地位の不安定さは彼女を他の人々との連帯に導くどころか、人間をいくらでも取り換えのきく部品にしてしまう。これが時代の精神です」[17] と、ロルナという人物がおかれた状況への認識を説明する。

ロルナは自発的に計画を発案したわけではなく、彼女のような存在に近づく人物、組織や習慣に接触し従う立場であるがゆえに、クローディとの関係や計画の進行を自らの決定のみで変更する権限はないが、クローディの死後、非情にもファビオが言い放ったように、「共犯」の関係であることは事実である。ファビオやソコルが自身の利益のために一貫してクローディにたいして冷淡であるように（しかし、作中、ファビオやソコルがクローディと直接やりとりするシーンはない。彼らのクローディへの態度は彼自身に直接むけられるのではなく、ロルナにたいして告げられるのだ）、ロルナもまた彼を目的達成のための存在としてしかとらえていなかったろう。生きてよりよい暮らしを手に入れるため、自己実現のため、監督の言葉を借りるならば、大なり小なり「時代の精神」に規定された価値観に従うように加担した計画と、クローディにたいして芽吹くおもいのはざまで板挟みになりながら、ロルナの時間はすすむ。ロルナを演じたアルタ・ドブロシはこの変遷を「映画の最初では、ロルナは乗せられたレールの上を歩いていた。でも、クローディを助けることを決意した彼女にとって、すべては変わった」[18]と的確に述べている。同インタビューで彼女はつづける。「ロルナの生き残りたいという熱望や普通の生活を送りたいという欲求に、とても感動した。（…）彼女はしだいに弱まる（デクレッシェンド）のではなく、しだいに強く（クレッシェンド）なる」と。彼女が述べる「強さ」「弱さ」は、おそらくレールの上を歩いていたロルナの「熱望」や「欲望」の強弱の度合いではない。敷かれたレールを逸脱する、それまでとは別の心理へと推移してゆく変化をさしているはずだ。国籍売買計画が打ち切られ、「心配なのは自分の金だけ」だとソコルに言い放つロルナの台詞は、もはや彼女がソコルにも彼との店にもそのための資金にも執着していないことをしめしている。その後、アルバニアへ帰される車中、隙を見て運転手のあたまを石でうちつけ、森に駆けて逃げこむロルナが、もっと走らなければいけない、遠い方が安全だとひとりごち、森の道なき道を走るシーンは暗示的である。彼女は与えられた道を自らの意志で逸れたのだ。

「ロルナもクローディも、彼らの行動にはそれほど自由の余地がなく、彼らの行動は社会的な立場によって既に決められている。でも、そこで語られるストーリーの中で、彼らがどのような選択をするかによって、結果は変わって、違う事態が起きるようになるんだ。そして、その過程を少しずつ経て、彼らは他者に対して注意を払うようになっていく」[19]という発言には、「にせもの」をとおして「ほんもの」にいたるという動線がかさねられているだろう。ダルデンヌ兄弟の発言を辿るかぎり、真偽を区分けする際、おおよそ、「にせもの」「偽装」は行為や状況に対応し、「ほんもの」は感情に対応することがわかる。彼らは、「にせもの」の感情とはいわない。それを踏まえてわたしは、ロルナがクローディの死後はじめて「〈ほんもの〉の感情」にふれたとはおもえないでいる。彼女は葛藤があったにしろ、偽らざる折々の感情をいだいていたはずだからだ。恋人とベルギーでカフェを営みたいというおもいも、クローディを助けたいと願ったおもいも、うしなった悲しみも、それでも店を持てる興奮からソコルとの電話であふれた喜びも、彼女自らの偽らざる感情だっただろう。ならば、ロルナがこの物語において出会う感情とは、ダルデンヌ兄弟が「にせもの」と対比的に言及するものではなく、「真実を物語る方法」と告げたその「真実」だとおもえるのだ。この「真実」こそが、ロルナの経験と映画を観るという経験がかさなりあう地平であると。あらためて「沈黙」で繋がれ、隔てられた前半と後半の意義を考える。監督は「他者に対して注意を払う」ことを次のようにも言及している。「僕たちが生きる社会は、互いを競争させるような社会になっているよね。(…)競争があるために、他者がすべて敵対するライバルになってしまうんだ。だから、その敵対関係から自由になる方法、つまり敵対関係をどのようにすればなくすことができるのかを示そうと思ったんだ。それは他人に対して連帯感を持ち、愛情を感じ、尊重し、時には憐憫を感じることだ」[20]と。この認識が映画の作為、仮構をとおして物語られる核心であるならば、その物語自体は、前半部で十全に描かれている。描かれ切っているとすら言ってもいい。「偽装結婚」にはじまった二人の関係のなかで、クローディはロルナをかえた。いや、まず先にかわったのは、クローディの方である。ロルナにその自覚がなくとも彼女が彼をかえたのだ。それまでの生き方をかえようとクローディを突き動かしたのはロルナだった。次いで彼の強さと弱さは、ロルナをかえた。強さも弱さもさらけだすクローディの剝きだしでひたむきなすがたは、ロルナをかえた。そこには他者への「愛情」「尊重」「憐憫」を覚える二人のすがたと心理の機微が描かれていた。だから、二人がだきあい、短い時間であろうと互いをいとおしむようなすがたを描く前半部の終わりはそれのみで感動的だった。二人のその後の未来がたとえ見とおせるものではなかったとしても、物語内の経験だけを見れば、核心は充分に描かれていたともいえるはずだ。しかし、それだけではたりないのだ。映画は、ロルナとクローディの間に生じた感情を、映画と観賞者の間にも生まねばならないからである。

エンディングに流れる音楽の意味はここにあるだろう。音楽が説明的、感情過多になってはならないとしながらも監督は、「音楽を入れる必要は早い時点で感じていました。観客が、このたった一人になってしまった女性と直接向き合ったままに放置しておきたくはなかったのです。観客と彼女の間に、何か二者をつなぐもの、彼女と共有できる何かを生み出そうと思いました」[21]と言う。クローディの死の場面を描かない「欠落」という「偽の仕掛け」によって観客を騙そうと試みた彼らは、ラストでは観客とロルナを繋げたかったと述べているのだ。逃げこんだ森に見つけた廃屋のような小屋にはいり、「火をおこせるかしら」「木を探しに行きましょ」と口にする彼女の言葉は、モノローグでありモノローグではない。ロルナはひとりであってひとりではない。クローディも、ソコルもファビオも彼女の傍にはおらず、ロルナは外部から隔てられているが、彼女は「子」とともにある。今をしのぎ、明日をおもう彼女の願いは、祈りは、外部に向けられるよりも、彼女の内部に、彼女の内部の存在とともに息づいている。枯葉が敷きつめられたなかで枝を拾うロルナの上空に鳥の鳴き声がする。「聞こえる？」と彼女は言う。「殺させないわよ」「絶対に」「お父さんを死なせた」「あなたは生きて」と彼女はつづける。彼女の罪の念や祈りは彼女の内に反響し、満ちてゆくおもいのなかで彼女自身が生まれかわってゆく印象すら受ける。かつてはたせなかった護りたいというおもいが、現在へ生まれかわる。死なせない。殺させない。殺さない。護りたい。生きてほしい。それらのわかちがたいおもいがロルナの静寂に、ロルナをつつむ静寂に沁みてゆく。小屋に戻り火をおこしたロルナは「もう寝ましょ」「明日の朝起きたら――」「水と食べ物を探さなくちゃ」「どこかの家で尋ねましょ」「心配しないで」「誰かが恵んでくれる」「おやすみ」と話す。話しかける。これらのシーンから、「沈黙」に比する静けさを覚える。言うべきことを言えないという発話の相対的な「沈黙」ではなく、彼女がかかえ、ともにある「沈黙」を。いや、その「沈黙」はもはやロルナだけの「沈黙」ではない。彼女の言葉は、クローディの「沈黙」を、「子」の「沈黙」を巡り、かよっている。音楽はそこに響く。やがて音楽の終わりに、映画は次の「沈黙」を迎える。作中の「沈黙」ではなく、映画に必然におとずれる作品後の「沈黙」である。ロルナが真の「沈黙」において祈ったように、映画は上映後の「沈黙」において、映画を観た人に芽生えるおもいを祈っているかのようだ。ロルナの祈りがそうであるように、それは映画の「愛」である。

ロルナの「沈黙」は、ロルナの「祈り」は、ついにロルナの「愛」をかたどる。「この映画は、道徳についての話であると同時に、ラブストーリーでもあります。失われたラブストーリーと、新しく生まれるラブストーリーです」「事物をとらえるわれわれのカメラ、そして、この映画が「愛の物語」」だと彼らは言う。[22] この「愛の物語」は、ロルナとクローディ、ロルナと「子」、そして、彼女彼らと観客の間に、ダルデンヌ兄弟の「真実を物語る方法」をとおしてつむがれている。その感受と芽生えによって作為は真に完成し成就するだろう。「愛」はロルナに孤立と繋がりの両方をもたらした。それは「時代精神」や「敵対」を規定する状況にあらがい、抵抗し、自らの生を生きる術となるだろう。「ロルナの沈黙」、「ロルナの祈り」そして、こういってよければ「ロルナの愛」こそが、この映画が見せる「真実」なのである。

1　高崎俊夫「ジャン＝ピエール&リュック・ダルデンヌ監督ロング・インタビュー」『キネマ旬報』二〇〇九年二月上旬号を参照した。本インタビューは「沈黙」と「偽装」に焦点をあてており、多くの示唆を得た。以下、ロング・インタビューと記す。
2 ロング・インタビュー、一四九頁、リュック・ダルデンヌ発言部
3 同前、リュック・ダルデンヌ発言部
4 同前、一四八—一四九頁、リュック・ダルデンヌ発言部
5 同前、一四八頁、いずれもリュック・ダルデンヌ発言部
6 『息子のまなざし』公開時のプレス資料、インタビュー
7 ロング・インタビュー、一四八頁、リュック・ダルデンヌ発言部
8 『ロルナの祈り』公開時のプレス資料、インタビュー
9 ロング・インタビュー、一四八頁、リュック・ダルデンヌ発言部
10 ロング・インタビュー、一四七頁、ジャン=ピエール・ダルデンヌ発言部
11 『ロルナの祈り』パンフレット、ビターズ・エンド、二〇〇九年
12 同前、インタビュー、リュック・ダルデンヌ発言部
13 『ロルナの祈り』公開時のプレス資料、インタビュー
14 ロング・インタビュー、一四七頁、リュック・ダルデンヌ発言部
15 『ロルナの祈り』パンフレット、インタビュー、ジャン=ピエール・ダルデンヌ発言部、および『ロルナの祈り』公開時のプレス資料、インタビュー
16 『ロルナの祈り』パンフレット、インタビュー、リュック・ダルデンヌ発言部
17 『ロルナの祈り』公開時のプレス資料、インタビュー
18 『ロルナの祈り』パンフレット、リュック・ダルデンヌ発言部

19　同前

20　『ロルナの祈り』パンフレット、ジャン＝ピエール・ダルデンヌ発言部

21　『ロルナの祈り』公開時のプレス資料、インタビュー

22　同前

# 「わからなさ」の承認　『少年と自転車』

冨塚亮平

われわれが飽くことを知らぬ欲望とともに求めるのは、ただひとつ、自分自身を忘れること、不意を突かれて身についた作法から抜け出すこと、永遠の記憶を失い、なにかを方法も理由もわからないまま行うこと、つまり新しい円を描くことだけだ。熱意なくして、かつて偉大なことが成し遂げられたためしはない。この生き方は素晴らしい。それは放棄によって生きる道だ。

——ラルフ・ウォルド・エマソン「円」[1]

## 「わからない」という言葉

『少年と自転車』（二〇一一）の主人公シリル（トマ・ドレ）はある日、広場で遊ぶと告げて、週末だけ彼の里親を務めているサマンサ（セシル・ドゥ・フランス）の経営する美容院を出る。しかし、お気に入りの自転車をめぐるいざこざから街の不良たちと知り合い、そこでリーダー格のウェスに気に入られたシリルは、自転車のパンクを直してやるという彼の誘いを受け、予定を変更して彼の家へと向かう。心配したサマンサからの電話を無視し、遅くまでウェスと過ごしたシリルは、夜になってようやく彼女の家へと連れ戻される。二人分の夕食を用意しつつサマンサは、なぜパンクで助けが必要だった時に私に電話しなかったのか、なぜ私が心配するとわからなかったのか、と問いかける。それに対しシリルは、「わからないよ。そうは思わなかった」[2]と答える。二人が食事のため席につくと、今度はシリルがサマンサに「なぜ僕を養子にしようと思ったの？」とたずねる。「あなたが頼んだからよ」と返すサマンサに、シリルは間髪を容れず「なぜ同意したの？」と再び問う。一瞬の間を置いたのち、サマンサは肩をすくめると、「わからないわ」と応じる。

ダルデンヌ兄弟の映画に登場する人物がある決定的な行動を起こすとき、その理由はしばしば登場人物自身にも、さらには観客にとっても「わからない」もの、つまり一種の謎として提示される。そして、なぜそうしたのか「わからない」まま積み重ねられる行為が、やがて各映画の主人公たちを、思わぬ地点へと導いていく。

たとえば『イゴールの約束』（一九九六）では、気を失う寸前に「妻と息子を世話すると言ってくれ」と言い残したアミドゥの言葉に咄嗟に「約束する」と返したイゴールが、それ以降、その約束を守り抜くために、父親を裏切ってまでアミドゥの妻アシタとその息子を助けようと動き続ける。同作には「わからない」という台詞が重要な場面で現れるわけではない。しかし、他ならぬ監督リュック・ダルデンヌ自身が日記において、「私たちが書き終えた脚本における少年イゴールは、彼が行ったことをなぜしたのかわからず、そして自分がわからないことを発見していく」[3]と述べている通り、イゴールもまた、シリルやサマンサと同様に自らの行動原理を理解できていない。

また、『息子のまなざし』（二〇〇二）では、「わからない」という台詞そのものが作中で重要な役割を果たす。非行少年たちに木工を教える仕事についている主人公のオリヴィエは、ある日自らの息子を殺した犯人の少年フランシスが、その事実を知らずに自分の指導を受けようとしていることを知る。一度は彼を担当することを断るオリヴィエだったが、すぐに思い直し、彼を引き受けることを衝動的に決意する。一方、息子の母親でオリヴィエの元妻のマガリは、オリヴィエがフランシスと関わろうとしていることを疑い、ある日オリヴィエの仕事場を訪れる。駐車場でフランシスを車に乗せるところを目撃してしまったマガリは、オリヴィエに詰め寄る。しぶしぶオリヴィエが疑いを認めると、ショックを受けたマガリは気絶してしまう。目が覚めた彼女は、よりによって息子を殺した犯人に仕事を教えようとしているオリヴィエを問い詰める。「何をする気なの?」「狂気の沙汰よ」。「わかってる」と返す彼に、マガリは「じゃあなんであなたなの?」と改めて問う。あたかも『少年と自転車』のサマンサのように、やや間を置いて彼は「わからん」と答える。[4]

本稿ではまず、ダルデンヌ兄弟がこだわり続けてきたこの「わからなさ」を足がかりとして、そうした感覚が、彼らの映画を観た誰もが意識せざるをえない、そのきわめて特徴的な撮影技法や演出とどのように関わるかを概観する。その上で、主に終盤の展開に着目しつつ、『少年と自転車』のシリルとサマンサに起きた変化がいかに意義のある形で観客に伝えられたのかについて、スタンリー・カヴェルの思想を補助線として改めて考えてみたい。

## 衝動的な行為

ダルデンヌ映画の登場人物たちは、なぜわけもわからぬまま衝動的な行為に身を投じ続けるのか。その理由は大きく分けて二つある。第一に指摘すべきなのは、多数用意された選択肢から熟慮の末に最適なものを選ぶような余裕は、彼らには決して与えられないという事実だろう。ダルデンヌ兄弟の映画はいずれも、監督たちの地元でもあるベルギーのワロン地域リエージュ州に位置する町、スラン近郊を舞台とし、『午後8時の訪問者』(二〇一六)の女医ジェニーを数少ない例外として、大部分の主要な登場人物たちが貧しい労働者階級に属している。特に若い人物たちについていえば、彼らは皆、周囲から十分な援助が得られず、安定した収入を確保できる職につくこともできず、劣悪な労働条件を強いられ、苦しい生活を送っている。現在のベルギー、ひいてはヨーロッパ全体が実際に直面する、格差社会や移民問題、家族の崩壊といった問題と無縁ではいられない彼らは、なんとか生き延びて、彼らが想像する「普通の」幸せを得るために、目の前で展開する事態に反射的に対応し続けるしかない。時に彼らが強盗、不法移民の斡旋、偽装結婚、窃盗や人身売買といった犯罪に手を染めるのは、登場人物たちが悪意や強欲に突き動かされた邪悪な人間だからではなく、彼らにとっての「普通の」親密性や幸せに辿り着くためには、他に選べる道がないからである[5]。こうした要素に加え、子役を中心に俳優経験のない素人をしばしば起用することとも相まって、彼らの映画はケン・ローチ監督作や近年のネオ・ネオリアリズム映画と比較される形で、映画祭や映画研究の領域で高く評価されてきた[6]。

また、刻一刻と変化する状況に必死で食らいついていくしかない彼らは、たいてい過去の行為を反省し振り返る時間を十分に持てず、自身の身体反応と結びついた情動を素早く適切に言語化することもできない（特に若い人物については、能力を涵養する教育を十分に受けていないと推測できるケースも多い）。ローレン・バーラントがイゴールや『ロゼッタ』（一九九九）の主人公ロゼッタについて述べたように、シリルもまた、まず情動を基準に行為したのちに、遡及的にそこに感情的な意味づけを行う人物であると言える[7]。

こうした人物像と結びついた第二の理由として、その場の状況や自分の気持ちにふさわしい言葉がすぐに出てこない彼らにとっては、自身の内面や心理を伝える言葉に代わって、アクション、身振りこそが、周囲への応答として重要となる点が挙げられる。ロバート・ピピンは、ダルデンヌ映画における「わからない」という台詞に注目した上で、登場人物の行動に対する自己理解の不足が、運動や行為の表象によって代替されている顕著な例として、人物間で頻出する行為や動作の「模倣」を取り上げている。[8]『息子のまなざし』のオリヴィエとフランシスの間に頻出するこうした模倣の『少年と自転車』におけるもっともわかりやすい例は、ピピンは論じていないシリルと父親の再会場面だろう。お互いにうまく言葉が出てこない二人は、父の厨房へと移る。沈黙に堪えかねたシリルの申し出が受け入れられ、二人はしばしソースを木ベラで混ぜる作業を共同で行う。この模倣を通じて彼は、言葉を使わずして、父の立場への共感の回路を探ろうとする。だが、『息子のまなざし』とは異なり、彼と父との関係がポジティヴに進展することはない。

彼らのやりとりは、互いにコミュニケーションの意思がある場合でも、対話よりも行為の模倣によって特徴づけられる。そして、相互性に至らないより多くの場面では、逃走と追跡、そこから帰結する取っ組み合いや喧嘩、あるいは一方的な暴力といった激しいアクションの形をとる。こうした運動は、動き回る登場人物自身が行為の理由を把握していないことに加えて、ダルデンヌ兄弟の誰にも似ていない独創的な方法で撮影されることで、以下に見るように、われわれ観客にも別種の「わからなさ」を喚起する。そして、それにより作品は特異なリアリティを帯びることとなる。

## 「わからなさ」とカメラ

周知の通り、ダルデンヌ兄弟の映画は、ほぼつねに手持ちカメラを使用し、しばしば他の映画と比べてあまりにも異質な近さまで被写体に寄った上で、すぐ斜め後ろの視点から主人公の背後や後頭部、横顔の一部を画面に映し出す。そこでは、カメラもまたその被写体たちと同様に激しく揺れ動く。突如乱暴にパンしたり、走る人物をすぐさま追いかけるカメラの予測不可能な動きは、あたかも人物たちの前触れのない行動に即興的に反応したかのような印象を残す。この独特な撮影法は、劇伴をみだりに使用せず、長回しを多用する演出とも共鳴して、カメラの目の前で展開する事態の推移をその場でともに見つめているとわれわれ観客に錯覚させるような臨場感をもたらす。

こうした被写体との「近さ」は、しばしば倫理的な主題と結びつけて評価されてきた。ダニエル・フランプトンは、「〈共にいること〉(*being-with*)」という概念を用いて、「登場人物への関心、〈共感〉(*empathy*)をわれわれに与える」ものとしてダルデンヌ映画を読み解いた。[9] 同様にジョセフ・マイは、ダルデンヌ映画の特徴的なカメラを登場人物の身体と密接に結びついたものとして捉える、リュックによる造語「身体―カメラ」に注目し、あわせて彼が日記に書きつけた「握手としての映画」の比喩を特権視することで、単に視覚的なだけではない、より身体的で触覚的な映像の特性を強調した。[10] これらの議論はダルデンヌ映画のある側面を的確に言い当てているとは言えるが、カメラの被写体への近さを登場人物と観客の重なり合いとして強調するロジックは、リチャード・ラシュトンも注意を促している通り、リュックが「「秘密」の空間」と呼んだカメラと登場人物の間にあるわずかながら決定的な「距離」の含意を正確に捉えられているとは言い難い。[11] しばしば登場人物の背後に位置するカメラの視点が決して完全に登場人物のそれと重なるものではないことは、たとえば彼らが基本的にPOVショットを使用しない事実からも明らかだからだ。

作品ごとに少しずつ変化しつつ、全編を通じてカメラがほぼオリヴィエの動きと同期する『息子のまなざし』でもっとも尖鋭化した、この被写体との近接性と激しい運動に特徴づけられる撮影スタイルは、『少年と自転車』を含むより近年の作品では、やや穏当な古典的スタイルとのハイブリッドというべき手法へと再び形を変えつつある。[12] しかしながら、最新作『トリとロキタ』(二〇二二)に至るまで、「カメラを最適な位置に置かず」[13]、そのことで観客の視界を制限する彼らの試みは一貫している。われわれはむしろ、彼らの不自然な位置にとどまるカメラによってはじめて生み出される、固有の「わからなさ」にこそ目を凝らすべきだろう。

たとえばハリウッドの大作映画と比較したとき、明らかにフィクションよりはドキュメンタリーを想起させる、こうしたカメラの動きや位置の不自然さ、その「わからなさ」は過剰なほど際立っている。そして、カメラの動きに関するこの「わからなさ」は、言うまでもなく、冒頭に挙げた登場人物たちが語る「わからなさ」と共鳴してもいる。そしてまた、こうした「わからなさ」を強調する視界の制限は、シークエンスの構成、つまり編集のレベルについても指摘できる。彼らの映画では、ある行為の始点と終点のいずれか、あるいはいずれもが画面には映し出されないケースが頻出するのだ。

このようにダルデンヌ兄弟は、いくつものレベルにまたがる「わからなさ」を中心に組織された、倫理と美学が同居するスタイルを創造することで、その技法と密接に結びつく形で、観客に道徳的なメッセージを伝えてきたと、ひとまずはまとめられるだろう。唐突に始まり唐突に終わる場面を通じて、暴力や死に関わる衝撃的なものを含むすでに進行中の出来事を、限定された視界から見据え続ける経験を観客に強いること。彼らの作品に流れるこうした特異な時間を通じて、われわれ観客は、他者への共感や責任をめぐる倫理的な問いに直面させられることとなる。では、彼らが提起し続けてきた問いとは具体的にどういったものなのだろうか。『少年と自転車』終盤にあらわれる、運動の停止と再開を含む具体的な二つの場面に注目することで、その内実を探ってみよう。

## 「わからなさ」の承認

互いになぜか「わからない」ままに食卓を囲み、週末を共に過ごしてきたシリルとサマンサに最大の転機が訪れるのが、ある夜衝撃的な行為に及んだシリルが周囲に翻弄される、一連の悲痛なシークエンスである。ウェスに会いに行くのを止めようとするサマンサと取っ組み合いになり、彼女の腕を刺してまで家を抜け出し彼の元へ向かったシリルは、指示されるまま、彼の信頼を裏切らないためだけに強盗傷害事件の実行犯となってしまう。しかしシリルは、被害者の息子に犯行を目撃されてしまったことでウェスに全ての罪をなすりつけられ、見捨てられる。途方に暮れつつもシリルは、すぐに自転車を回収して父の元へ向かう。今度はウェスに押しつけられた被害者の所持金を渡すことで、経済的な苦しさを訴えていた父に受け入れてもらおうとするのだ。だが、盗んだ金だと素直に話した結果、父からも完全に拒絶されてしまったシリルは、しばらくのち、再び踵を返し、自転車を押して路地を抜ける。画面奥に向かって道路へと消えていくシリルを捉えながら流れはじめた劇伴はカットを跨いでほどなく鳴り止み、疾走する彼とカメラが並走する長いショットが続く。一体彼はどこに向かっているのか。その疑問は次のショットで氷解する。サマンサの美容院に戻った彼は、警察に向かわなければならないと彼女から告げられる。準備を終えた彼女が家を出たタイミングで、シリルは彼女に呼びかける。しっかりと彼女の顔を見て、腕を傷つけてしまったことを謝罪し、さらにはずっと一緒に暮らしたいという明確な意思を、はじめて言葉で告げる。すぐさまこれを了承したサマンサは、彼に頬にキスするように告げる。笑顔で向かい合った二人は、並んでサマンサの車まで歩いていく。カメラは、この二人の対話をやや引いた位置から同一のフレームで捉え続ける。

一見したところ、一切の思慮を欠いたこの夜のシリルの行動の数々は、あまりにも愚かなもののように映るかもしれない。たとえばピピンは、ダルデンヌ映画に頻出する衝動的な行為の原因として、登場人物たちの自己理解の不足を指摘している。しかし、「わからなさ」を欠如と結びつけるピピンの解釈を批判したマーティン・グスタフソンは、むしろ「わからなさ」こそが、運命づけられた必然性と予想外の再生を結びつける「新たな」始まりをもたらす彼らの行為において、本質的だった可能性を示唆する。[14]シリルは、ウェスと父とサマンサという選択肢のなかから、最も自分を愛してくれる愛着の対象を選び出したわけではない。その場の状況に反応することしかできない彼は、サマンサや他人の親子への暴力や、彼らから盗み出した金銭を差し出すという犯罪行為に訴えてまでも、ウェスや父からの愛情を得ようともがいた。しかし、それら「わからなさ」を埋め合わせてくれるはずの行為がいずれも効果を発揮せず、もはや愛を獲得する道は断たれたかに見えたギリギリの状況でこそ、シリルははじめて自ら「わからなさ」を認め、言葉に頼ることができたのだ。

では、シリルがこの重要な気付きに至る瞬間はどのように撮影されていただろうか。父親に完全に拒絶され、店の裏口から壁を乗り越えて通り側へと落下したシリルは、自転車のハンドルを握ると、数秒の間、その奥で父が働いているなにもない壁をただ眺め続ける。カメラは向かって右側、やや引いた位置から、画面中央に不動のシリルを捉え続ける。絶えず動き続けるシリルを追ってきた本作において、この急速な落下からの運動の停止は、明らかに特権的な瞬間を構成している。

ラシュトンは、共感を説明する例としてたびたび引き合いに出される「他者の靴を履いてみること」よりも、むしろ「他者の靴を履いたらどんな風かを想像してみること」に喩えられるような作品群としてダルデンヌ映画を評価した。こうした分離や距離の感覚と不可分な形で他者の理解を試みる、カヴェルの言う「共感的投射（empathic projection）」としてダルデンヌ映画を要約するラシュトンは、まさにこのシリルが壁を見つめ続ける瞬間こそを、シリルにとって「退却して岐路へと至り、〝後退〟して思索し、離れることで物事を新たな光のもとで眺める」ような感覚[15]があらわれた瞬間として強調した。つまり、この瞬間には、直前の場面までのカメラが近距離から彼へと向けてきた、マイケル・フリードの言う同情や没入、没頭に連なるリアリズム的な視線と同時に、彼らの映画がつねに提示してきた、モダニズムと関わる、目の前の状況から距離をおくこと、すなわち客体性や演劇性に連なる感覚が見出せると言うのだ。[16]

さらに彼の議論に付け加えるなら、この落下から運動の停止を経て、再び動き出したシリルが自転車にまたがり画面奥へと消えていくまでの流れ、その顕著なリズムの変化は、シリルの視点だけでなく、彼の運動にシンクロしてきた観客たちにもまた、「距離」の感覚を改めて意識させずにはおかないだろう。木原圭翔によれば、フリードとの交流を通じて彼の言う「瞬間性」に注目したカヴェルは、「映画の時間が停止し、ある種の無時間性が立ち上がる」瞬間を、作品全体の本質を凝縮し、提示したものとして重視し、それらが「観客を立ち止まらせ、思考を促す」ことを強調した。[17]写真のように停止するシリルを眺める経験を通じて、われわれ観客もまた、モダニズムとして映画を観ること、すなわち、作品への没入から一歩引いて、今自分は映画を観ていると再確認すること、映画をメタ映画として再解釈することを求められる。[18]この構図は、再びラストシーンで反復されることとなる。

対してサマンサもまた、『イゴールの約束』の名高いラストシーンを想起させるシリルからの決死の呼びかけに応えて振り向く。ここで彼女が、自分の腕を刺して出ていった直後に強盗をはたらき、ようやく帰宅したシリルを叱るのではなく、なぜかは「わからない」まま即座に受け入れる姿は感動を誘う。[19]おそらくダルデンヌ兄弟の映画の多くは、これらの場面や『ある子供』（二〇〇五）の結末部などに象徴されるように、さまざまな事情で時間と空間を共有するようになった二人が、はじめてきっちりと相手と正面から向き合うまでを描く物語として要約することが可能だろう。会話場面でいわゆるショット／切り返しショットを全く使用せず、話者が替わってもカットを割らずにカメラを左右に振り、発話者を単独でフレームに収めることで対話のダイナミズムを捉えようとするダルデンヌ兄弟が、これらのシーンでは、二人の対話者を固定ショットで同一フレームに収めることで、視線の交わりを画面上に定着させている。この対比からも、こうした瞬間がダルデンヌ兄弟にとって他の場面と異なる意義を有していることは間違いない。[20]

ところで、これらフェイス・トゥ・フェイスで二人が向き合う瞬間は、しばしばエマニュエル・レヴィナスによる「他者の顔」をめぐる思想と関連づけて議論されてきた。監督たち自身がレヴィナスからの影響をインタビューや日記で公言してきたこともあり、多くの論者が、見る者に「汝、殺すなかれ」と命じ、他者へと奉仕する究極的な義務、無限の責任を要求する「他者の顔」[21]を『イゴールの約束』のアシタや『息子のまなざし』のフランシス、『ロルナの祈り』（二〇〇八）のクローディらに見出してきた。[22]さらには、対話者に向けられた彼らの顔が、あたかも同時に観客にも向けられているかのように、観客もまた登場人物に対する倫理的な責任に直面させられるとも論じられてきた。[23]しかしながら、イゴールやオリヴィエの顔と結びつけられる、彼らの言葉や行為が孕む「わからなさ」は、果たしてこうした「他者の顔」が命じる応答責任のみに回収され得るものなのだろうか。そして、この場面で相互に見つめ合い、シリルに応答するサマンサの身振りもまた、単に彼から負った責任をとる行為として解釈されるべきものなのだろうか。

## 「放棄」の身振り

ウィリアム・ロスマンは、具体的なダルデンヌ兄弟の著作や発言も手がかりとしつつ、『少年と自転車』以降の彼らが、レヴィナスよりもむしろスタンリー・カヴェルに親和的な思考を作中で表現している可能性について、説得力に富む形で論じている。なかでもロスマンが注目したのが、カヴェルがレヴィナスと自らの思想の差異について述べた記述である。カヴェルによれば、ルネ・デカルトの第三省察、いわゆる神の存在証明から同じ箇所を引用したレヴィナスと彼は、そこから微妙ながらきわめて重要な差異を伴った帰結を引き出したという。一方でレヴィナスにとって「他者の発見」は、「そこで私が他者への無限の責任を認識するような、自らと（有限の）他者との非対称な関係を確立する」[24]とされる。他方でカヴェルにとっては、有限の他者への責任はあくまでも有限である。カヴェルの見方では、私が無限の責任を要求されるのは、他者ではなく私自身に対してである。すなわち私には、私を他者が承認できず、私が他者を承認できない状態から脱し、自分と他者たちにとって自らを理解できる存在とするために、自分自身を表現する究極的な義務が存すると述べられるのだ[25]。そして、こうした義務を全うすることによってこそ、有限の責任で結びついた私と他者は、神や信仰に頼らずに対称な関係を確立することができる。

ここで改めて、ロスマンは言及していない、父に捨てられ美容院へと戻ったシリルとサマンサが話し合う場面について考えてみよう。うまく思いを言葉にできなかったシリルがこのシーンの最後についに素直な気持ちを告げるとき、彼はまさに「私を他者が承認できず、私が他者を承認できない状態から脱する」ために、言葉を用いて「自分自身を表現」している。彼にとっては、なぜほんの少し前に彼女を刺してまでウェスの元へ向かったのか、なぜその後父の元へ向かい、追い出されて地面に落ちた金を置いてきたのか、そしてなぜ今再びここに戻ってきたのかは「わからない」ままだ。しかし彼は、壁をただ見つめる数秒間を通じて自らの抱えるそれらの「わからなさ」を承認することで、自分自身を表現し、自分への責任を果たすことはできたのだ。そしてサマンサは、他者との「非対称な関係」からではなく、シリルとの対称的で平等な関係から、彼を承認した。シリルを受け入れることで彼女もまた、彼へのではなく、自分自身への責任を果たしたのではないか。

サマンサが仲介することで、シリルと被害者は示談へと至る。その直後に映される、二人が川辺を自転車で並走する場面は、見晴らしの良いロケーションと、キャリアを通してはじめて夏に撮影を行うことで定着できたビビッドな色彩や光の質感も含め、ダルデンヌ兄弟の監督作の中でも屈指のポジティヴな空気に満ちている。非対称ではない、平等な相互性が二人の間に確立されたことを示すように、二人は互いの自転車を交換し、笑顔で並走を続ける。数々のダルデンヌ映画を彩ってきた野外でサンドイッチを食べるシーンも、ここでは他にない多幸感に満ちている。[26]

しかし、もちろん彼らの映画がこのまま終わるはずはない。バーベキューの買い出しに行った先でたまたま事件の被害者親子と出くわしたシリルは、示談に応じていなかった息子に林の中まで追いかけられ、木に登ったところへ石を投げつけられる。そして、木の上から小屋で隠れた画面奥へと勢いよく転落してしまう。父に拒絶された場面の彼、『イゴールの約束』におけるアミドゥ、そして、『その手に触れるまで』のアメッド。ほぼつねに観客の予想を裏切るアクションによって構成されるダルデンヌ映画にあって、落下から静止状態へと陥る人物たちは、そのリズムの緩急によってきわめて鮮烈な印象を残す。

事故に装おうと慌てる親子とともになかなか動かないシリルを見つめるわれわれは、再び映画の世界から一歩引いて、距離を伴って画面を見つめ直すことを強いられる。すると、彼はそこで唐突に起き上がり、被害者の親からの救急車を呼ぼうという申し出を断ると、画面奥の木々の中へと消えていく。ラストショットのカメラは、われわれ観客とシリルの間に生まれたその距離の感覚にさらにダメを押すように、林から出てきて、バーベキュー用の炭を拾い、何事もなかったかのように自転車にまたがるまで彼に寄り添った後、最後に画面左奥のフレーム外へとゆっくりと消えていく彼の姿を、その運動に同調することなく、同じ位置から眺め続ける。

忙しなく動き続けてきた主人公が、印象的な形でその動きを止め、再び動き出すとき、今度はあたかも彼らを模倣するかのように、カメラが静止する。『イゴールの約束』の見事なラストシーンにはじまり、本作の前述した父とのシークエンス、さらには、次作『サンドラの週末』（二〇一四）の結末部に至るまで、カメラがその場にとどまってフレームの外へと消えていく人物たちを見送るショット群は、観る者の記憶に強く刻み込まれる美しさを湛えている。これらの場面を忘れがたいものとしているのは、ダルデンヌ兄弟やカメラにとって主人公たちが、レヴィナス的な「無限の責任」を要求する、より高みに位置する他者なのではなく、ロスマンも強調する通り、カヴェルが言う自らへの「無限の責任」を要求する、自らと平等な関係にある「有限の他者」だったからなのではないか。

画面外へと消えたシリルが、この後無事バーベキューを行い、これまで決して得られなかった安心や愛を得られるのか、それはわれわれ観客にとって「わからない」ものとして提示されるだけではなく、もはやダルデンヌ兄弟にも「わからない」。ときに全知の神にも喩えられる監督、作り手としての全能性を放棄することで[27]、彼らは自分たちの有限性を、さらにはシリル、そして彼を演じた、プロの俳優ではなかった地元の少年、トマ・ドレの有限性を、「わからない」ものとして承認し、受け入れたように見える。今よりもほんの少しだけましかもしれない未来の日常へ向かって、新たな一歩を踏み出すシリル＝トマの顔や歩みの力強さがこの瞬間にたしかに定着されているように見えるのは、主人公と自分たちの間に最後にもう一つの「距離」、すなわち「わからなさ」を導入する、ダルデンヌ兄弟のこの放棄の身振りゆえであろう。[28]振り返ってみれば、リュック・ダルデンヌがカヴェルの著作を通して引用したエマソンは、こうした放棄こそを、「未達成だが達成可能な自己」が、「わからない」ままに新たな円を描くこと、つまりは新たな行為へと向かうことを可能とする、「素晴らしい生き方」と結びつけていたのだった。

## おわりに

ここまで確認してきたように、ダルデンヌ映画の主要人物たち、そして監督たちにとって、行為をめぐる「わからなさ」は解消されるべき欠如ではなく、むしろ新たな円を描き、自己を変容させ続けるような生き方を可能とする、重要な契機であった。また、カメラの動きや位置の不自然さによって、見る者の視界を制限し続けるダルデンヌ兄弟の演出は、シリルやサマンサのような人物を「距離」、「わからなさ」を伴った「有限な他者」としてスクリーンに投影し続けてきた。

同様に、われわれ観客もまた、「わからない」ままになされ、画面に映し出される彼らの行為を見つめ続けるなかで、シリルたち登場人物の、そして私たち自身の有限性を「わからない」ものとして承認することを求められる。もしわれわれに、彼らの映画を観ることで直面させられる倫理的な責任があるとするなら、それは不幸な境遇に立たされた他者への奉仕を要求するレヴィナス的な「無限の責任」ではなく、カヴェル的な自らへの「無限の責任」に他ならない。映画館を出て再び動き出したあなたは、次にどんな円を描くのか。それ自体は誰にも「わからない」としても、ダルデンヌ兄弟の映画には、その新たな一歩への後押しとなり得る力が備わっていること、それだけは確かである。

1　ラルフ・ウォルド・エマソン「円」『エマソン論文集（下）』酒本雅之訳、岩波書店、一九七三年、六六頁。日本語訳からの引用は、既訳を参照しつつ、一部訳文を変更した箇所もある。

2　同様に作品の台詞からの引用についても、日本語字幕を参照しつつ、一部訳を変更している。

3　Luc Dardenne, *On the Back of Our Images, Volume One: 1991-2005*. Translated by Jeffrey Zuckerman and Sammi Skolmoski, Featherproof Books, 2019, 26. Qtd. in Martin Gustafsson, "'I Don't Know': Agency, Self-Understanding and New Beginnings in Three Films by Jean-Pierre and Luc Dardenne," *Ethical Inquiries after Wittgenstein*. Salla Aldrin Salskov, Ondřej Beran, Nora Hämäläinen, editors, Springer, 2022, 33.

4　登場人物の性別や年齢に応じて訳語は使い分けているが、三人の台詞はいずれも Je (ne) sais pas. でその意味は共通している。また、紙幅の都合上詳述はできないが、同様の「わからなさ」は、『イゴールの約束』以降のほぼ全ての作品に見出せる。

5　ローレン・バーラントは、初期の『イゴールの約束』、『ロゼッタ』を題材に、先行きの見通せない「袋小路」にあって、時に規範的な「普通の」関係性や親密性に対して、それが成就しないとわかりつつも愛着や欲望を感じてしまうイゴールやロゼッタの「残酷な楽天主義」に注目した上で、若い彼らが抱えるジレンマをその情動に寄り添う形で詳細に論じている。Lauren Berlant, "Nealy Utopian, Nearly Normal: Post-Fordist Affect in *La Promesse* and *Rosetta*," *Cruel Optimism*. Duke UP, 2011, pp. 161-90. を参照。

6　たとえば、フィリップ・モズレーとジョセフ・マイは、それぞれ「責任を果たす／応答を求めるリアリズム」、「感覚的リアリズム（Sensuous Realism）」という表現でダルデンヌ映画の特徴を論じている。Philip Mosley, *The Cinema of the Dardenne Brothers: Responsible Realism*. Columbia UP, 2013. および Joseph Mai, *Jean-Pierre and Luc Dardenne*. U of Illinois P, 2010. を参照。

7　Berlant, 166.

8　Robert Pippin, "Psychology Degree Zero? The Representation of Action in the Films of the Dardenne Brothers." *Critical*

*Inquiry*, vol. 41, no. 4, pp. 757-85.

9　Daniel Frampton, *Filmosophy*. Columbia UP, 2006, pp. 145-47.

10　Mai, 55.

11　Richard Rushton, "Empathic Projection in the Films of Dardenne Brothers." *Screen*, vol. 55, no. 3, 2014, 305を参照。

12　近年のダルデンヌ作品におけるスタイルの漸進的変化については、各作品を時系列で分析したエドワード・ランベルティおよび、ウィリアム・ロスマンが指摘している。Edward Lamberti, *Performing Ethics Through Film Style: Levinas with the Dardenne Brothers, Barbet Schroeder and Paul Schrader*. Edinburgh UP, 2019. および William Rothman, "A Film That Is Also a Handshake: Philosophy in the Films of the Dardenne Brothers," *Tuitions and Intuitions: Essays at the Intersection of Film Criticism and Philosophy*. SUNY P, 2019.

13　「作品と役者のリズムに寄り添って　ダルデンヌ兄弟に濱口竜介監督が聞く」朝日新聞デジタル、２０２０年６月５日。

14　Gustafsson, 39. ただし、グスタフソンは具体例として主に『少年と自転車』を取り上げているものの、この夜のシークエンスに直接言及してはいない。

15　Rushton, 315.

16　ラシュトンは、リアリズムとモダニズムをはじめとして、「同情（sympathy）」と「距離をおくこと」、そしてカヴェルとの交流に触発されてフリードが提唱した「没入」と「演劇性」、さらには彼がカラヴァッジオの絵画に見出した「没頭（immersion）」と「鏡面性（specularity）」といった、それぞれ連関する概念の対立を取り上げつつ、ダルデンヌ映画をそれら対立する双方の発想を同時に実現しようとする試みとして分析した。彼の議論全体についてはRushton, 303-16. を参照。

17　木原圭翔「相貌のない女――スタンリー・カヴェルの『ステラ・ダラス』論における「瞬間」の批評」『演劇映像学2012』、二〇一三年、一九一―九三頁。たとえば「『ステラ・ダラス』論」では、クリスマスの場面でステラがカメラに背を向け、夫と娘がそこから去って行った扉を数秒にわたって見つめ続ける瞬間に焦点が当てられている。

18　同「芸術化する映画――スタンリー・カヴェルの古典的ハリウッド映画論について」『映像学』第89号、二〇一二年、一六頁。

19　目の前にやってくるものを「わからない」ままで受け入れるサマンサの姿が十分な説得力を帯びている理由の一つは、直前に撮影された『ヒア アフター』（二〇一〇）でも異界の存在を迷いなく信じる女性を演じたサマンサ役の女優、セシル・ドゥ・フランスの人物像とも関わっているだろう。

20　『イゴールの約束』に関しては、リュック自身が日記で「究極的にフェイス・トゥ・フェイスの出会いへと至るための試みとして観ることができる」と述べている。Qtd. in Rothman, Kindle 版位置 4763.

21　「他者の顔」についてはたとえば、エマニュエル・レヴィナス『全体性と無限』、「第Ⅲ部　顔と外部性」藤岡俊博訳、講談社、二〇二〇年、三二九頁―四八八頁などを参照。

22　フェイス・トゥ・フェイスの関係性にも注目しつつ、レヴィナスとダルデンヌ映画を結びつけて論じた代表的論文に、Sarah Cooper, "Mortal Ethics: Reading Levinas with the Dardenne Brothers." *Film-Philosophy*, vol. 11, no. 2, 2007, pp. 66-87. がある。それ以降も、マイ、ランベルティをはじめ、ダルデンヌ映画の倫理について注目した多くの論者がレヴィナスに言及している。

23　この点については、より明白に観客に向けて人物の「顔」を提示する、カメラ目線で正面を向いた人物のショットとの比較が必須だろう。たとえばラシュトンは、被写体との間に「「秘密」の空間」を保持し続けるダルデンヌ作品と対照をなす例として、小津安二郎の映画を挙げている(309-10)。また、レヴィナス的な「正しさ」とも関わるものとしてスパイク・リーとグザヴィエ・ドランの正面ショットをそれぞれ論じた、以下の拙稿も参照。冨塚亮平「「正しい」映像を超えて――スパイク・リー作品における警察と人種」『ユリイカ』第51巻8号、二〇一九年、一九三―二〇一頁。「この人を見よ――グザヴィエ・ドラン『わたしはロランス』における肩越しの顔と視線」『ユリイカ』第52巻4号、二〇二〇年、一一九―一二八頁。とりわけ後者は、観客の「共感」に訴えるカメラワークについて論じた点で本稿と多くの関心を共有している。

24 Stanley Cavell, *Philosophy The Day After Tomorrow*. The Belknap Press of Harvard UP, 2005, p. 144. Qtd. in Rothman, 位置 4919.

25 Rothman, 位置 4926 のまとめを参照。

26 対称性の観点から、ロスマンはこうした場面に、平等なカップルが互いを選び直す黄金期ハリウッドのいわゆる「再婚喜劇」を論じたカヴェル『幸福の追求』の議論との類縁性を見出してもいる。関連して、『イゴールの約束』のラストカット、そして『ロルナの祈り』において、走ってバイクを追うロルナが彼と並走する間、つかの間の笑顔を浮かべるシーンにも同様に現れているように、非対称性ではなく対称性へと至るダルデンヌ兄弟のフェイス・トゥ・フェイスの関係性を、一旦向き合った二人が共に同じ方向へと並走する、サイド・バイ・サイドの関係へと引き継がれるものとして解釈することもできるだろう。ただし、並走する二人のその後の関係が一切保障されていないものであることは、最も悲劇的な『ロルナの祈り』の例をはじめ、いずれの作品にも共通する。

27 当該場面に関するロスマンの解釈を参照(位置 5002)。また彼は、『少年と自転車』と同時期に出版されたリュックの著作 Sur l'affaire humaine (2012) の中心的な狙いを、「神の死後に、永遠の生を約束する慰めが不在のなか、われわれ人類が自分達の有限性、分離性、死すべき運命をどう受け入れるか」(位置 4749) にあるとまとめた上で、カヴェルによる他者の承認をめぐる議論と関連づけてもいる。

28　放棄という形であれ、作り手としての監督の意図と、それを汲み取ろうとする観客としての自己の関係だけを特権的に重視するようなロスマンの自己反省的な解釈からは、たとえばフレドリック・ジェイムソンが「アレゴリーで読むヒッチコック」(『目に見えるものの署名――ジェイムソン映画論』椎名美智・武田ちあき・末廣幹訳、法政大学出版局、二〇一五年、一五五―二〇一頁)でロスマンのヒッチコック論について批判したように、たしかに歴史的な文脈をはじめとする、作者の意図に還元できない要素への検討がほぼ全く抜け落ちている。しかしながら私には、ヒッチコックのケースと比較して、ダルデンヌ兄弟の映画にはこうした批判はそれほど当てはまらないように思われる。リベラルな視点から常に同時代の社会問題を取り入れてはいるものの、彼らの映画には、良くも悪くも、作り手の意図や設計を超える過剰さはそれほど含まれていないようにも感じられるからだ。

# その背中を見送るために『サンドラの週末』

原田麻衣

## ダルデンヌ作品における顔

ソファーでうたた寝をするサンドラ（マリオン・コティヤール）の横顔のクロースアップ。これが『サンドラの週末』（二〇一四）のファースト・ショットである。程なくして電話が鳴り、彼女は立ち上がる。あえて正確に記述すれば、少し離れた場所に置いてあった携帯電話を取るために、彼女は自分の意思がどうであるかにかかわらず、立ち上がらざるをえなかった。

サンドラは体調不良で休職していたが、ようやく職場に復帰しようとしていた。その矢先、ある金曜日の午後に突然かかってきたのが、サンドラの解雇を告げる電話である。動揺を隠しきれず一方的に電話を切ったサンドラは、すぐさま精神安定剤を飲み自分を落ち着かせようとする。同僚のジュリエット（カトリーヌ・サレ）から事情を聞き家に戻ってきた夫のマニュ（ファブリツィオ・ロンジョーネ）は社長に直談判することを勧めるが、彼女はベッドに横たわり外に出ようとしなかった。説得のすえサンドラはなんとか会社に向かいジュリエットと落ち合うが、いざ社長を目の前にすると何も言い出せない。「ひと言も声が出なかった。もう元気だから働きたいと言いたかったのに」。サンドラはジュリエットに打ち明ける。しかし顔を見せたことで社長は解雇を撤回する条件を提示した。それは一六人の従業員のうち過半数が一〇〇〇ユーロのボーナスを諦め、サンドラの復職に賛成すれば解雇を取り消すというものである。投票は月曜日の朝。そこから同僚たちを説得しに回るサンドラの「二日と一夜」——これがフランス語の原

『サンドラの週末』


題（*Deux jours, une nuit*）である——が始まる。サンドラは電話という要因によって立ち上がり、交渉というミッションのために声を出して歩き回る。その過程で気を落としてはベッドになだれ込むようにして身を横たえ、涙を流し、ときには大量の精神安定剤を飲む。本作は、同僚とのコミュニケーションを通して、最初は受動的に立ち上がるしかなかったサンドラが、挫折を繰り返しながらも一人で闊歩するようになるまでの物語である。

こうしたサンドラの人生に降りかかってきた試練としての週末を、観客は主に彼女の「顔」を通して見ることになる。本作では冒頭で示されたようなサンドラの顔のショットが随所にあらわれるのだ。特筆すべきは何度か組み込まれる電話のシーンであろう。この物語では電話の向こうにいる人の声はサンドラにしか聞こえない。観客はサンドラが一体何を耳にしているのかは分からず、彼女の言葉や彼女の表情あるいは身振りで会話の内容を察するほかないのである。例えば映画冒頭のシーンでは、サンドラにどのような内容の電話がかかってきたのかはまったく見当がつかない。ただ、その表情と身振りから、それは彼女にとって良くない知らせであり、思わず涙を流してしまうほどの事態が起きているのだと推測できる。彼女が解雇されるのだと明確に分かるのは社長に会う場面においてである。また、サンドラによる最初の「交渉」は電話で行なわれており、このときも相手の言葉は彼女にだけ聞こえている。電話の途中、「これだけは言わせて」というサンドラは、一旦携帯電話を下ろし、瞼を閉じて呼吸を整え、意を決したかのように「仕事を続けたいから私に投票してほしい／家賃のための給料が必要なの」と主張する。その後も自分の意思を自分の言葉で伝えるサンドラは、ある瞬間安堵したように微笑み、そして電話の向こうにいる相手に感謝の気持ちを伝える。この映画では、言葉より先にサンドラの顔が語るのである。

とはいえ、顔はただ心情を示す言葉の代わりに、あるいはそのような言葉を補強するものとして機能しているわけではない。また、サンドラの顔のショットは、彼女の表情をできる限り観客に読ませるために、あるいは十分に共感させるために置かれているわけでもない。なぜなら私たちが見るのはほとんど、サンドラの横顔だからである。サンドラの最初の「成功」、つまり、前述した電話での交渉のあとに続くシーンでは、約一分二〇秒の間、サンドラの横顔が提示される。ここではほとんどサンドラの表情は変わらない。電話シーンのように登場人物の誰かとコミュニケーションをとっているわけでもなく、一人でバスに乗り目的地へ向かうサンドラの横顔がひたすらそこにある。なぜ本作では、正面から捉えた顔よりも表情の読み取りづらい横顔ばかりを見せるのか。また、サンドラの顔は本作でどのような機能を果たしているのか。本稿では『サンドラの週末』における顔——とりわけ横顔——のイメージについて考察していきたい。そのためにまずは、映画において顔がどのように考えられてきたのかを整理しておこう。

映画において顔は極めて特権的なイメージである。そのことは映画研究者のノア・シュタイマツスキーが著書『映画における顔』（*The Face on Film*, 2017）で簡潔に述べているとおりである。「顔のイメージは、部分と全体、特異性とその代替、循環、連結、投影の関係性を躍動させる、詩的な、とりわけ提喩的なシステムに適している——その躍動は、内側であれば自己や魂の方へ、外側であれば超越的なもの、神、他者へと向かう」。[1] 提喩とは比喩表現の一つで、上位概念（例えば「全体」）が下位概念（例えば「部分」）を表したり、その逆に、下位概念が上位概念を表したりする技法である。つまり、顔に即していうならば、顔はそれ自体が個人に属する特性を表すこともあれば、人間のもつ普遍的な性質を表すこともあり、また、それらの両方を同時に示すこともある。それゆえこの特徴的なイメージは、映画史においてたびたび議論の俎上に載せられてきた。近年の例を挙げるならば、先にも引用した著作のなかでシュタイマッツスキーは、映画技術の発展や社会の状況を考慮しつつ、一九二〇年代のクロースアップ／クロースアップに関する議論を皮切りに、映画における顔のあり方を歴史的に記述している。また、ソンフン・ジョンは『シネマティック・インターフェイス：ニューメディア以降の映画理論』（*The Cinematic Interfaces: Film Theory After New Media*, 2013）の一つの章で、映画史に即して顔を論じたジャック・オーモンの研究と、写真における顔を探究したロバート・ソビエチェクの研究を発展的に継承しつつ、時代区分を取り払って映画における顔のイメージの分類を行なっている。[2] 著者によれば、映画にみられる顔は大きく四つに分類され、一つ目は登場人物の読み取り可能な内面やアイデンティティを提示する顔、二つ目は観客の身体に働きかける顔、三つ目は主体のアイデンティティを変化させる存在論的な顔、そして四つ目は絶対的な他者性の前に主体を位置づける「倫理的な顔」となる。

では、映画における顔に関して間違いなく意識的な監督だといえるダルデンヌ兄弟の作品では、顔はどのように扱われてきたのだろうか。おそらくもっとも頻繁に指摘されるのは、かつてのロシア帝国（現リトアニア）に生まれフランスで活躍した哲学者エマニュエル・レヴィナスが提唱したような「倫理的な顔」であろう。例えば映画研究者のサラ・クーパーは、論文「顔から背中へ：ダルデンヌ兄弟とともにレヴィナスを読み返しながら」（Du visage au dos : en relisant Levinas avec les frères Dardenne, 2010）において、ダルデンヌ作品——ここで扱われるのは『イゴールの約束』（一九九六）、『ロゼッタ』（一九九九）、『息子のまなざし』（二〇〇二）、『ある子供』（二〇〇五）の四作品——に見られる「対面する顔」に、レヴィナス的な「顔」、つまり「「殺してはならない」という戒めの言葉を発する顔」[3]を重ね合わせている。もっとも分かりやすいのは文字通り「殺人」をテーマにした『息子のまなざし』のラストシーンであろう。職業訓練所で教官をしているオリヴィエ（オリヴィエ・グルメ）は偶然にも、自分の息子を殺した少年フランシス（モルガン・マリンヌ）の指導員となる。フランシスは殺した子どもの父親がオリヴィエだとは知らずに毎日を過ごし、ある日自分の犯した罪を打ち明ける。自分がその子どもの父だと明かすオリヴィエは、事実を知って走り出すフランシスを追いかけ、捕まえて、覆い被さる。目をつぶりながら抵抗していたフランシスの首を絞めようとするが、オリヴィエはフランシスの顔を見て手を離す。そのときカメラはフランシスの方を見るオリヴィエの顔から、オリヴィエの方を見るフランシスの顔へとパンする。ここでの対面は、殺人の禁止をもたらしているのである。「殺人、あるいは誰かの社会的存在を抹殺する行為のような、その他の象徴的な極限の暴力行為の問題をめぐって展開される」[4]これら四作品において、顔は倫理的なものとして働いている。

『サンドラの週末』でも「対面」は重要な意味をもつ。前述のとおり、社長との面会シーンにおいてサンドラは一言も声が出ない。しかしそこに姿を見せたことによって月曜日の再投票が可能となり、物語が動き出す。また、同僚たちの説得は基本的に対面で行なわれ、何度も諦めようとするサンドラに対してたびたびマニュが主張するとおり、「会いにいくこと」に重きがおかれる。したがって対面形式のコミュニケーションはそもそも本作の主題といえよう。とはいえ注意すべきは、ここでの「対面」とは当然ながら登場人物同士の問題であるということである。つまり、『サンドラの週末』では、サンドラと同僚たちは互いの顔を正面から見ており、それが物語を支える行為となっている。他方、観客が見るのは基本的に横顔なのだ。もちろん、ワンシーン＝ワンショットを原則とするダルデンヌ兄弟の映画は『サンドラの週末』に限らず横顔のショットが多い。しかし本作では、登場人物の対面という物語上のモティーフだけでなく、制作準備段階からマリオン・コティヤール＝サンドラの顔それ自体が極めて重要な要素となっていた。

## コティヤール＝サンドラの顔のために

リュック・ダルデンヌの日記を読む限り、『サンドラの週末』――当初のタイトルは「ある週末」（*Un week-end*）――の構想はまず、二〇〇六年一月の記述に確認できる。[5] そこから脚本執筆の中断と再開が繰り返されており、本格的に準備が進んでいくのは二〇一二年十月、コティヤールを自分たちの映画に迎える決意をした数ヶ月後のことである。同年五月に、ダルデンヌ兄弟は彼らの会社が製作に携わったジャック・オーディアール監督『君と歩く世界』*De rouille et d'os*（二〇一二）の撮影で知り合ったコティヤールに再会したというが、当初想定されていたのは『サンドラの週末』ではなく、その次の作品となる『午後8時の訪問者』（二〇一六）での主演、ジェニー役だった（最終的にその役はアデル・エネルが演じることになる）。そこから数ヶ月間ジェニー役として考えられていたが、十一月十日にリュック・ダルデンヌは以下のように書いている。

『サンドラの週末』の執筆が進むにつれ、この映画はサンドラの顔、マリオン・コティヤールの顔についての映画になるのではないかという気がしてくる。サンドラの顔、傷つき救われた美しさ。彼女のまなざし、要求、孤独、そして別の視線、身振り、愛の言葉、助け合い、連帯への期待、所有することへの欲求、存在しえなくなることへの恐怖によって破壊された生々しい生の瞬間のすべて。そして、彼女の顔のこめかみ、その透き通るような脆さには、彼女の人生の鼓動、諦めない人生の鼓動が宿っている。[6]

この段階で本作をサンドラ＝コティヤールの顔の映画とみなしていたことも興味深いが、もう一つ、「こめかみ」に関する記述には注目すべきだろう。ダルデンヌはサンドラの人生の鼓動を顔のなかでもとりわけ、こめかみに見ている。まだコティヤールを『午後8時の訪問者』のジェニーとして考えていたときにも、監督は「ジェニファー［のちに「ジェニー」と変更］の顔を想像すればするほどマリオンの顔、こめかみが見えてくる」[7]と書いている。そのあと『サンドラの週末』に再び取り掛かり、脚本執筆が軌道にのったことを考慮すれば、そもそもサンドラの具体的な人物像はコティヤールの顔、こめかみに感じ取ったものから出来上がっていったと言っても過言ではないだろう。そうなると、サンドラを捉えるショットの多くが彼女の横顔であることにも納得がいく。重要なのはそれが映画において実際にどのような効果を持っているかという問題だが、その前にいわばスター女優としてのコティヤールがどのようにサンドラとなっていったのかを簡単に確認しておきたい。というのも映画の観客はしばしば、登場人物を物語上の人物としてだけではなく、それを演じる役者のイメージを重ねて見るからである。そしてそのような事態は、役者が有名であればあるほど、そして、ショットのなかで顔が強調されればされるほど起こりやすいといえる。

コティヤールは二〇〇八年からディオールの広告塔を務めており、例えば同ブランドのアイコンバッグである「レディ・ディオール」を持つ彼女のイメージを思い浮かべる人も少なくないだろう。[8] また、オリヴィエ・ダアン監督『エディット・ピアフ～愛の讃歌～』*La Môme*（二〇〇七）では第八〇回アカデミー賞主演女優賞を含む多数の賞を受賞し、世界的に知られることになる。場末の酒場で「ラ・モーム・ピアフ」――フランス語で「小さなスズメ」の意味――の名で歌っていたエディット・ピアフが世界的歌手として上り詰めていく姿を演じたことで、とりわけアメリカでは、映画研究者のジュール・サンドーが指摘するように、「スター誕生」の物語を生きる新たなスターとして受け入れられた。[9]

とはいえその作風に鑑みれば当然のことながら、ダルデンヌ兄弟はスター俳優としてのコティヤールを自作に求めていたわけではない。むしろその逆である。コティヤールを起用すると決めたのも、演じているのを見たときではなく、エレベーターで赤ん坊を抱く彼女に出くわした瞬間だったという。監督たちがその時を「リエージュに戻る車中でずっと彼女について、彼女の顔、視線について話していた」[10] と振り返っていることからも、彼らが捉えたかったのはマリオン・コティヤールという一人の人間の顔であり、まなざしであったと言えるだろう。したがって、ダルデンヌ兄弟の試みは、「マリオンを「脱アイコン」化すること。彼女の身体を見つけること」となり、それは五週間のリハーサルでの大きな目的となった。[11] リハーサルではとりわけ声の高さや転び方、荷物の持ち方などについて指示したようだが、アカデミー賞で評価されるような身体から「正反対の、肩を出したシンプルなシルエット」に移行させるにはどうしたらいいのか、というインタビュアーの質問に対して監督は以下のように答えている。「それは賭けだった。

私たちが押し付けるのではなく、マリオンが新しい身体を見つけること。彼女は私たちの映画を観て、きっといろいろと考えてくれたのだろう。リハーサルでは、早くも二日目か三日目には、彼女が私たちのサンドラになったこと、彼女の身体が他の作品にはないものになったことを感じた」[12]。例えばサンドラの身体的な特徴として少し前屈みになった姿勢が挙げられるが、その「肩をすぼめた歩き方」の発見もコティヤールによるものだという[13]。それは、いわば歩かざるをえなくなった身体のいささか重い足取りを可能にする。サンドラを横から捉えるショットは、その身体の傾斜をもっとも分かりやすい仕方で提示しているのである。コティヤールが発見したサンドラの身体は、このようにカメラの位置によっても尊重されている。そして横顔のショットもまた、正面から顔を映すスターの撮り方から逸脱したものと言えるだろう。

## 横顔を見るということ

こうしたコティヤール＝サンドラの顔についてもう一つ考えてみたいのが、話法に関連した観客との関係性である。ここまで、本作においては登場人物同士の問題として「対面する顔」があり、役者＝登場人物の問題として横顔のショットが機能していると指摘した。しかし、いくらこめかみにサンドラの人生の鼓動が脈打っているからはといえ、コティヤール＝サンドラの顔の表情を重視することと、正面から映すよりは表情の読み取りづらい横顔のショットを多用することは矛盾しないのだろうか。というのも、言うまでもなく顔を映す場合の選択肢は、正面からか真横からかという二択ではないからである。では真横であることはどのような意味を持つのか。

本作ではただ一人、サンドラの横顔を見る登場人物が存在する。サンドラの夫マニュである。そしてマニュがサンドラの横顔を見るのは決まって車の中である。再投票に向けてサンドラが同僚たちの家を次々に回ることは冒頭に述べたとおりだが、その移動手段に彼女がバスを使うのは最初だけで、あとはマニュが車で送迎をしている。サンドラとマニュが車で移動するシーンは合計六回登場し、二人がともに過ごす時間のほとんどが車のなかとなっている。車内はサンドラが誰かに会いにいく直前、そして誰かに会いにいった直後を過ごす場所であるため、彼女の感情がもっとも露呈するプライヴェートな空間でもある。ここで興味深いのは、他のダルデンヌ作品と同様ワンショット＝ワンシーンを主とする本作において、車のなかのシーンでのみカットが割られていることである。もちろんその理由を車内の狭さにみることもできるだろう。しかし、切り返しで撮ることもできるようなサンドラと同僚の会話のシーンをパンで捉えているように、車内でもパンが使用される場合がある。例えば、最後の車内のシーンはサンドラとマニュだけではなく、サンドラに影響を受け、モラハラ気味の夫と離れて自分の意思で生きていくと決意したアンヌ（クリゼット・コルニル）も同乗している。ここではカーラジオから流れるヴァン・モリソンの『Gloria』をともに歌う三人の連帯が、助手席に座るサンドラと運転するマニュ、後部座席に座るアンヌを次々にパンで繋げていくことでも表されている。また、二回目の車内のシーンで、同僚の一人から主任が「病み上がりは使えない」と言っていたことを知り動揺したサンドラが、水のペットボトルをマニュの方へ差し出し蓋を開けるよう促すとき、あるいは、三回目のシーンで、微笑むサンドラがマニュの手を取りマニュもまたサンドラの方を見るとき、これらのシーンではサンドラの手の動きに合わせてカメラはパンする。したがって、車のなかであっても二人をパンで繋げることは十分に可能である。しかし、車内のシーンにおいて今言及した部分以外はすべて、サンドラとマニュの切り返しショットとなっている。

同僚とサンドラの会話と、車内におけるサンドラとマニュの会話の決定的な違いは、顔が向き合っているかどうかである。つまり車のなかのシーンで捉えられるのは「対面しない顔」であり、サンドラはマニュを、マニュはサンドラを横から見ている。つまり、横顔とは本作におけるもっともプライヴェートな空間でもっとも近しい人物から見られる顔なのである。とすれば、観客がサンドラの横顔を見ているということは、できる限り近い距離から彼女の顔を見ることだといえないだろうか。マニュはサンドラの隣から彼女を励ますが、マニュがサンドラとともに車を降りて同僚の説得に付き添うことはない。マニュはサンドラが一人で歩くようになるのを、愛情をもって近くから見届ける存在なのである。観客は最初から最後まで、運転席から助手席の方を向くマニュのような位置からサンドラを見る。容易く彼女に同一化するのではない。ただ、サンドラの痛みや喜びを間近で感じ取るのである。本作におけるサンドラの顔は、心情を読み取らせるものでも共感を促すようなものでもなく、観客が彼女に同行するためにある。だからこそ映画の最後、彼女が吹っ切れたような笑顔で前に進んで行くとき、観客は彼女に同行することをやめ、その背中を見送るのである。

1 Noa Steimatsky, *The Face on Film* (Oxford: Oxford University Press, 2017), 4.

2 Seung-hoon Jeong, *Cinematic Interfaces: Film Theory After New Media* (New York and London: Routledge, 2013).

3 Sarah Cooper, « Du visage au dos : en relisant Levinas avec les frères Dardenne », in *Images des corps / corps des images au cinéma*, ed. Jérôme Game (Lyon: ENS Édition, 2010), 114.

4 Ibid.

5 Luc Dardenne, *Au dos de nos images II : 2005-2014 ; suivi de Le Gamin au vélo et Deux jours, une nuit par Jean-Pierre et Luc Dardenne* (Paris : Éditions du Seuil, 2015 [e-book]), 30.

6　Ibid., 253.
7　Ibid., 245.
8　Dominique Choulant, *Marion Cotillard : Biographie* (Paris : Max Milo Éditions, 2016 [Kindle Edition]), loc. 1309-1374.
9　Jules Sandeau, « Entre francité et américanisation : *La Môme* et la persona de Marion Cotillard aux États-Unis », *French Screen Studies* 21, no. 2 (2021).
10　「ジャン＝ピエール&リュック・ダルデンヌ監督　インタビュー」『サンドラの週末』劇場用パンフレット、ビターズ・エンド、二〇一五年、一五頁。
11　Luc Dardenne, op. cit., 267.
12　Jean-Pierre and Luc Dardenne, « Un pas devant l'autre : Conversation avec Jean-Pierre et Luc Dardenne », *Bande à part*, May 10, 2014, https://www.bande-a-part.fr/cinema/entretiens/jean-pierre-et-luc-dardenne-un-pas-devant-lautre-magazine-de-cinema/ (accessed October 19, 2022).
13　「ジャン＝ピエール&リュック・ダルデンヌ監督　インタビュー」前掲書、一五頁。

# 身体が語りだすとき　『午後8時の訪問者』

若林良

## 『眼には眼を』と双子のように

ジャン＝ピエール＆リュック・ダルデンヌの長編第一〇作『午後8時の訪問者』（二〇一六）は、その日本語タイトルの通りに（原題は『見知らぬ少女』*La Fille inconnue*）、ある不意の訪問から物語がはじまる。町の診療所で働く若き医師のジェニー（アデル・エネル）は、大病院に好待遇で迎えられることが決まり、ある日の診療時間が過ぎた午後八時すぎ、その歓迎パーティーについての電話に対応していた。そんな中、診療所のドアベルが鳴る。研修医のジュリアン（オリヴィエ・ボノー）が応じようとするが、ジェニーは「患者に振り回されるべきではない」と彼を止める。

翌朝、診療所に警官たちが訪ねてくる。彼らは、近くで身元不明の少女の遺体が発見されたことを告げる。そして、診療所の防犯カメラに映っていた「午後8時の訪問者」こそ、命を落とす直前のその少女だった。あの時、診療所の扉を開けていれば、少女は死ななかったかもしれない。罪悪感を覚えたジェニーは、その少女が何者で、なぜ診療所を訪れたのか、自身の手で調査を開始していく……。

映画史を参照し、同様の物語の枠組みをもった映画としてぱっと脳裏に浮かぶのは、アンドレ・カイヤットの『眼には眼を』（一九五七）である。シリアの地方都市を舞台にした本作では、主人公のフランス人医師の判断が、その後の自身の行く末に致命的な影響をもたらす。医師ヴァルテル（クルト・ユルゲンス）が勤務を終え、自宅でくつろいでいたところ、「妻の容態が悪化したので、診療してほしい」という電話が入る。ヴァルテルは容態を聞き、自宅でできることを指導するものの、夫はあくまでも病院での治療を希望する。ヴァルテルは夫に根負けし、病院までの道を教え、夜勤を担当している医師マチック（ロベール・ポルト）の治療を受けるように伝える。ところが翌日、出勤したヴァルテルは、運ばれてきた女性が子宮外妊娠を発症しており、緊急手術中に死亡したことをマチックに伝えられる。責任を感じるヴァルテルだったが、やがて彼の周りには奇怪な出来事が次々と起こり、それは患者の夫、ボルタク（フォルコ・ルリ）の所業であることが次第に判明していく。

『眼には眼を』に関して、これ以降の物語の筋をつぶさに確認することは本稿では控えるが、『午後8時の訪問者』のジェニーにせよ、『眼には眼を』のヴァルテルにせよ、その判断には医師としての明らかな落ち度があったわけではない。『午後8時の訪問者』においては、ジュリアンが扉を開けようとするのを止めた背景として、「（自身がジュリアンよりは優位な立場にあるという）力関係を見せたかったから」とジェニーが内心を吐露するシーンはあるものの、さりとて、すでに診療所が患者に対応する時間を過ぎていた以上、その判断が「罪」と再定義されるわけではない。しかし、彼らの判断は、徐々に自身の運命を揺り動かしていくことになる。

### 両作に見る人種の問題

この二作における類似点をもう一つ挙げるとすれば、登場人物の人種の違いがストーリーに影響を及ぼしている点だろう。『眼には眼を』の場合、アラブ人たちの白人への憎悪が劇中では色濃く表れる。当時のシリアは、一九四六年に「シリア共和国」としてフランスから独立し、五八年にエジプトのカイロを首都とする連合国家「アラブ連合共和国」を形成する直前であったが、植民地時代における「傷」は十分に癒えていたわけではなかった。宗主国であったフランスやイギリスによって恣意的な国境を引かれ、一定の基盤があったコミュニティが分断されたこと、またそうした分断によって、独立後も国内でクーデターが多発したことなどを受けて、少なくない住民たちにとって、白人への否定的な感情はぬぐい切れないものがあった。そのような憎悪は、劇中ではアラブ人集落において、ヴァルテルが患者への治療を断られるシーンによって示されるが、これにより、アラブ人であるボルタクがヴァルテルに対して覚える憎悪は、恐らくはヴァルテルが白人であることも理由のひとつだとほのめかされる。

また、『午後8時の訪問者』においては、遺体となって登場する少女はアフリカ系であり、やがて彼女が偽造パスポートを所持し、ベルギーに不法滞在していたことが明らかになる。つまり、少女の死の背景にはその生活における不安定な状況があったであろうことは観客には容易に想像でき、かりに少女が正規の国籍を持つ白人であった――少なくとも、経済状況や社会保障の文脈においてジェニーと対等であった――とすれば、この物語は成り立たない。そして、こうした設定は、国内人口の一〇パーセント以上を移民が占めながらも、彼らに対する保障を十分に広げられていないベルギーの現実に即したものとも言えるだろう。「サン゠パピエ」(sans-papiers) と呼ばれる、正規の滞在資格を持たずにベルギーに滞在する人々の存在は近年でも大きな問題となっている。前世紀の末頃より、サン゠パピエの増加を懸念した政府が、一定の条件を満たしたサン゠パピエを正規化する措置を講じ、その後も法律や正規化条件の改正を繰り返しながら対応を続けてはいるものの、それは今なお、「情勢に左右された応急処置的なもの」[1]に留まっており、根本的な解決には至っていない。ジャン゠ピエールもおそらくはそうした寓意を込めて、ジェニーが開けなかった扉は、「ヨーロッパが移民に対して閉ざした扉」を意味するとも語っている。[2]

とはいえ、この二作のあいだには明確な違いも存在する。『眼には眼を』におけるヴァルテルは、復讐の鬼と化したボルタクによって、ほぼ受動的に死の淵へと追いやられていくが、『午後8時の訪問者』におけるジェニーは、他者に強いられたわけではなく、能動的に事件の真相を解き明かすために行動していく。そしてその能動性の軸となるのが、ジェニーのさまざまな身体の動きである。同時に本作では、ジェニーを中心としたさまざまな人物の身体こそが、作品理解に欠かせない鍵となる。

## 身体の動き／動きの反復

順を追って説明していこう。ダルデンヌ兄弟が撮影に臨む前に丹念なリハーサルを重ね、俳優に動きのディテールの綿密な確認を求めることはつとに知られている。本作においても、およそ五週間におよぶリハーサルが行われ、アデル・エネルは「どのように手袋をはめるか、どんな風に注射をするか、というような細かい動き」[3]に彼らがこだわったことをインタビューで語っている。

じっさい、エネル＝ジェニーの身体の動きは、本作において重要なものである。彼女の行動範囲は実に広い。少女の死の真相をめぐり、遺体が発見された川岸の工事現場や目撃証言のあったトレーラーハウスを訪れ、診療所を離れて往診に向かうこともしばしばだ。また、その微細な動作にも注意が必要だろう。作中において彼女は、前かがみになることが多い。[4] それは腰かけた患者や、ベッドに、時には床に横たわる患者に接する際に必要となる動作だが、その繰り返しにより、ジェニーには優しさのイメージが醸成される。特に患者のひとりである少年のブライアン（ルカ・ミネラ）に薬を与え、嘔吐する彼を支えるシーンでは、ブライアンが事件に関連した秘密を抱えて葛藤していることもあり、ジェニーは、ちょうど彼の葛藤を見守る保護者のような印象をも帯びる。直接的な台詞ではなく、こうした動きの反復から、ジェニーが少女の死に対峙し続けることへの説得性が付与されるのだ。

同時に、ジェニーの他者を迎える動作にも着目すべきだろう。前述のように、序盤でジェニーは少女の訪問に応じず診療所のドアを閉ざしたままにしたことで、結果的に彼女を死へと追いやってしまう。中盤以降は対照的に、彼女が診療所への訪問者に対してドアを開くシーンが繰り返し登場し、良心の呵責を含めたその心情の変化が暗示される。

また、他者の迎え入れは単にドアを開くだけでは終わらない。診療所の内部構造の詳細こそ、映画を見る観客にははっきりとはわからないが、少なくとも、患者はドアを開けてすぐの場所で診察を受けられるわけではない。医師であるジェニーは、患者の訪問に対してドアを開けるだけではなく、地下にある診察室まで彼らを誘導する必要がある。またジェニーは、診療所の二階に寝泊まりしており、深夜に突然の来客があった際には、階段を下りて対応しなくてはならない。階段を下りる／上るといった位置を変える動作は作中で幾度も反復され、その繰り返しによって、目の前の他者に寄り添おうとする、ジェニーの献身性が浮き彫りになっていくのだ。

## 「触る」動作

登場人物の身体は、「触る」動作を通しても強調される。医師であるジェニーは、身体から響く鼓動や脈の速さによって、患者の健康状態を把握する。本作のはじまりから見ていこう。ジェニーは老患者の背中に聴診器を当て、その病名についてジュリアンと議論する。続く場面では、発作を起こして床に倒れた少年に対し、応急処置を試みる。患者の身体状態には常に鋭敏な対応が求められることが冒頭から示唆されるが、では、患者たちの不調の根底には、何があるのだろうか。もちろん老衰などもあるとはいえ、貧困をはじめとした社会的な苦難が暗い影を落としていることが、しだいに明らかになっていく。たとえば、足に傷を負った不法難民と思わしき男性は、パスポートの確認を求められるために大病院に行けないことを語り、傷は化膿してしまっている。また、肥満体型の糖尿病患者は、家のガスを止められてしまっており、療養以前に生活がままならない。やがてジェニーは大病院での勤務を断り、閉められようとしていた診療所を継ぐことを決める。その理由についての明確な言及はなされないものの、「痛み」に満ちた画面を見つめてきた観客には、ジェニーが大病院への道が閉ざされる人々にとっての診療所の意義を、さまざまな身体を通じて実感したことが、決心の根底にあるのだろうと想像される。

そして、「触る」動作は、物語を駆動させる鍵ともなる。リュックの「登場人物たちは、精神状態を肉体的に表します。（中略）身体は話し、言葉にできないものを表に出す」という言葉が、それを理解する補助線となろう。[5] ジェニーは少女の身元の手がかりを求め、ブライアンの往診の際にその写真を見せる。「知らない」と答えるブライアンだが、質問時に彼のこめかみに手を当てたジェニーは、その脈が明らかに速まっていたことを感知していた。後日、あらためて少女とのかかわりを問いただすジェニーに対し、ブライアンは彼の知る内実を（結果的に、この内容は虚偽であったことも後にわかるものの）ぽつりぽつりと明かしていく。

つまり、ジェニーはさまざまな身体に接触することで、事件の謎や社会の矛盾の深部へと迫っていき、いわば身体を通した世界への対峙が、彼女の選択や行動に大きな影響を及ぼすこととなる。身体の存在を抜きにして、この『午後8時の訪問者』という映画を考えることはできないのである。

そして、身体の存在を際立たせるための演出についても言及する必要があるだろう。ひとつにはカメラワークである。登場人物に密接し、その身体や表情の微細な動きをとらえることに加え、会話においても切り返しショットや主観ショットを用いないダルデンヌ兄弟のスタイルは、本作においても一貫している。そのため、会話のシーンにおいては、その多くでジェニーを含めた複数の人物がフレーム内に収められることになり、会話や接触における双方の反応がよりダイレクトにとらえられる。たとえば、ジェニーが患者に注射を打ち、湿布をはがすようなシーンでは、患者の身体には強弱はあれ痛みが生じるため、ジェニーと同じフレーム内に存在する患者の即時的な反応に、観客の目は思わず引きつけられることとなる。

そしてもうひとつは、音の存在である。ダルデンヌ兄弟は長編劇映画処女作の『ファルシュ』（一九八六）や後年の『少年と自転車』（二〇一一）などを除き、劇伴を多くの劇映画で排しているが、その代わりに重要となるのがいわゆる「イン」の音――すなわち劇中に存在するさまざまな自然音や環境音である。本作の場合、診療所を離れた交差点から聞こえる車の走行音や、工事現場で響く重機の音なども印象的ではあるものの、診療における患者の呼吸音や、重大な告白をした際のブライアンの嗚咽の音などが、作中では大きなプレゼンスを発揮する。それらは同時に、その主体となる身体の存在を際立たせるのである。

## サスペンスの失調

『午後8時の訪問者』はまず少女の死という謎が提示され、それを解き明かすために主人公が行動する、というストーリーの枠組みのみを見れば、サスペンス映画の様相を呈するとは言える。しかし、監視カメラを通して映される少女の切迫した表情――それは作中において、唯一彼女の顔を大画面で視認できる場面でもある――と対比すると、終盤に明かされる事件の真相そのものは、いささか肩透かしである。少女の死に関わっていたのは、ブライアンの父（ジェレミー・レニエ）だった。とはいえ、彼が少女を殺したわけではない。ブライアンの父は娼婦であった少女を買い、車中に連れ込もうとしていた。しかし、車中での性行為を拒んだ少女は逃げ出し、川のほうへと走り去る。そして、少女は転倒して頭を打ち、そのまま息を引き取ったのだ。

つまり少女の死は、計画的な犯罪によるものではなかった。もちろん、それによってブライアンの父が免責されるわけではないにせよ、あくまでも偶然の範疇に収まるものに過ぎなかったのだ。そして、少女の偶然の死と対になるのが、ブライアンの父が偶然、生につなぎとめられた一幕になるだろう。ジェニーにことの次第を話したのち、彼は診療所のトイレでベルトを使い、首つり自殺を図る。しかし、ベルトをかけた排水管が外れ、幸運にも（と断言できるかはわからないが）彼は一命をとりとめる。

ここでのブライアンの父の蘇生には、ジェニーは大きくは関与しない。軽く身体の状況を確認したのち、自力で立ち上がった彼に、警察への電話をうながすのみである。劇的な躍動を重視するのであれば、たとえば心臓が停止した彼にジェニーが救命処置を行い、ひとつの命が救われるといった展開もありえたかもしれない。構図から言えば、それは冒頭で救えなかった命をラストで救うことで、ジェニーの人間的成長を観客に実感させる象徴の役割も果たしたはずである。しかしそれは、ダルデンヌ的な着地点とはかけ離れている。ダルデンヌ兄弟からすれば、こうした一見スペクタクル化を排した物語の運びにこそ、必然性があるのだと言わなければならない。

どういうことか。ダルデンヌ兄弟のフィルモグラフィを確認していくことで、その答えもおのずと見出すことができよう。たとえば、『イゴールの約束』（一九九六）における違法就労者アミドゥの死は、主人公の少年イゴールに回心を迫る大きな契機となりながらも、それ自体にさほど劇的な演出はなされていない。工事現場で足場から落下したのち、瀕死の状態でイゴールに遺言を残したアミドゥだが、事故の瞬間はほぼカメラではとらえられない。かつ、アミドゥはイゴールに最後の言葉を残したのち、すぐに事切れたわけではなく、イゴールが父ロジェを呼び、それからしばらくは生きていたことが示唆され、その死の瞬間は劇中では秘匿されている。

『息子のまなざし』（二〇〇二）でも、ラストの追走劇において、自身の息子を殺した少年フランシスの喉元に手をかけたオリヴィエは、結果的にはその手を離して地面へと置くものの、手を離す瞬間自体は視認できない。かつ、その間もカメラは激しくパンし、オリヴィエの表情も横顔から、陰りを帯びた形でしかとらえられない。つまり、オリヴィエ自身を揺るがしたであろう、フランシスの生と死を分けるこうした決断は、ここでは明確に焦点化されることはないのである。

『ロルナの祈り』（二〇〇八）における、麻薬中毒者クローディの死の「省略」もふくめ、ダルデンヌ作品においては、登場人物の生命の危機や停止ですら、そのスペクタクル化は拒まれている。また、主人公が重大な分岐点に立たされたり、重要な決断をなす場面においても同様である。

ダルデンヌ兄弟は、ストーリーに外連味を付与することはない。その代わりに彼らが際立たせるのが、ここまで述べたような身体の動きなのだ。「『映画』とは何よりも、肉体を運動に投げ込み、それがどう動いてゆくのか理解することです。ストーリーが書かれ、シナリオを持って現場に来ただけではダメで、キャメラが捉える肉体を通してしか映画は具体的に現れません」[6]というかつてリュックが語った言葉は、その証左となりうるだろう。そして、医療の場を主だった舞台とした『午後8時の訪問者』は、さまざまな、ときには危機に瀕した身体を通して、身体そのものが語る豊かさを逆説的に現前させるのである。

### ラストに訪れる「希望」の必然性

ことの次第が判明したのち、ジェニーはふたたび診療所での日常に戻る。患者として訪れた、杖をつく老女の腕を支えて歩く彼女の後ろ姿をとらえたショットで、本作は幕を閉じる。

　ダルデンヌ作品のラストシーンの多くが両義的なもの――たとえば、最後に主人公が流す涙が、これまでの鬱屈を取り払い、自身が再生していく契機とも、今後の行く末への絶望感のあらわれともとれる『ロゼッタ』（一九九九）や『ある子供』（二〇〇五）はその好例だろう――であったことを考慮すると、このラストシーンは、ジェニーが今後も弱い立場に置かれた人々を医師として支え続けることへの示唆がストレートに読み取れ、より希望の色が強いものとなっている。

　ジェニーが今後も長く医師を続け、誰かを支え続けると断言することはできない。このラストショットの構図――一方がもう一方を支えながら歩く姿を、背後からとらえた構図――を、ダルデンヌ兄弟がのちに反復させた『トリとロキタ』（二〇二二）においては、少女ロキタが悲劇的な死を迎えたことにもまた留意しなければならない。しかし、それでもなお、このラストシーンはそうした懸念を打破する多幸感に満ちたものとなりえている。

　もちろん、これは物語としての起承転結の基本を踏まえて、導き出した結論ではない。身体が醸し出す温かみを確かな形で描き出してきた本作の道のりこそが、筆者が見出した希望の、けっして脆弱ではない礎の役割を果たすのである。思い返せば、はじめてジェニーが少女の顔を見た序盤のシーンでは、およそ二分強におよぶロングテイクの中で、幾度も涙を流しながらも、映像の中の少女から視線をそらすことのない彼女の姿がはっきりととらえられていた。その時点で、すでに他者へと真摯に向き合い、最終的に一つの解を得る、ジェニーの未来は約束されていたように感じられてくるのだ。

1　中條健志「ベルギー移民史　建国から現代まで」、『ベルギーの「移民」社会と文化　新たな文化的多層性に向けて』岩本和子・井内千紗編著、松籟社、二〇二一年、三一頁

2　「ジャン＝ピエール&リュック・ダルデンヌ監督インタビュー」『午後8時の訪問者』公式パンフレット、ビターズ・エンド、二〇一七年所収

3　「アデル・エネル インタビュー」『午後8時の訪問者』公式パンフレット所収

4　アデル・エネルの身長は一七五センチで、そうした高身長もまた「かがむ」動作に説得性を付与することに奏効しているだろう。

5　「ジャン＝ピエール&リュック・ダルデンヌ監督インタビュー」『午後8時の訪問者』公式パンフレット所収

6　「ダルデンヌ兄弟による『息子のまなざし』」『息子のまなざし』公開時のプレス資料

# 裸の眼差し　『その手に触れるまで』

大久保清朗

## 幼き闘争

『その手に触れるまで』（二〇一九）において、アメッド（イディル・ベン・アディ）が更生施設への入所（おそらく）初日に巻き起こす騒動は、『イゴールの約束』（一九九六）以来、ダルデンヌ兄弟が繰り返し描いてきた、或る強烈な意志に貫かれた主人公による暴力の発露が遺憾なく活写されている。

イスラム教の急進思想に感化されたアメッドが、アラビア語をコーラン以外で学習させようとする女性教師（ミリエム・アケディウ）をナイフで殺そうとするが失敗。施設に送られた彼は、入所した日、職員立ち会いのもと荷物整理をする。そこで、彼の所持品のなかにアラビア語の書物類を認めた職員の一人が、内容を訝しみ、アラビア語を解する職員のところで内容確認をすると言いだす。アメッドは、礼拝の時間に間に合うかと心配する。だが職員は、すぐに終わると言って別室（どうやらそこでは調理実習のようなことが行われているらしい）に赴き、少年たちと作業をしている中東的な風貌の男性職員に、書かれたアラビア語をその場で通訳してもらう。

ささやかな不測の事態が生じるのは、このときである。重大事がごくさり気ない風を装って起こるダルデンヌ作品の常として、ここでもそれまで姿を見せていなかった女性職員がいつの間にか現れ、（おそらく調理中に使用したに違いない）鋏が見つからないと報告する。周囲の少年に所在を聞くが、分からない。かたわらにいた別の男性職員がすぐさま動きだす。金属探知機による身体検査を行うから窓際に並ぶようにと部屋中の少年全員に号令をかけ、偶然居合わせたアメッドにもそれに従うようにと命じるのだ。礼拝のため自室に戻りたいという要求が言下に拒否されると、アメッドは突如として部屋を飛び出していく。周章狼狽した男性職員たちは数人がかりでアメッドの身柄を取り押さえる。この小波乱は、鋏が見つかることであっけなく終熄する。

ダルデンヌ作品でこれまで何度も目にしてきたはずなのに、こうした身体の突発的な衝突の激しさには、ただただ圧倒されてしまう。小さな軀のどこにこれほどのエネルギーが充填されていたのかと思うほどの荒々しさで、アメッドは大人たちの追跡から逃れようとし、取り押さえられてもなお、荒ぶる獣のように藻掻きつづける。ただこの不服従が、単なる身勝手さから来るものではなく、アラーというより大きな存在への服従として起こっていることには注意しなくてはならない（殉死を遂げたらしい従兄の影響も示唆されているが）。実際、この映画において強調されるのは、アメッドのイスラム教への忠誠だ。礼拝前に、アメッドは口と鼻を執拗なまでに漱ぎ浄める。カメラがとらえるのは、強迫性障害を思わせる彼の儀礼的身振りだ。それはどこかシャンタル・アケルマンの『ジャンヌ・ディエルマン　ブリュッセル１０８0、コメルス河畔通り23番地』（一九七五）において、売春後、浴室で執拗に軀を洗いつづけるデルフィーヌ・セイリグを彷彿とさせる。そこで演じられる儀式とも狂気ともつかぬ動作の反復性は、「普通」の主婦が垣間見させる深淵として見る者を慄《おのの》かせる。彼女は最後に客である男性を刺殺するが、『その手に触れるまで』のアメッドも、女性教師殺害を計画し、実行に移す。

この騒動の場面も含めて、アメッドの落ちつきのない歩き方は、ダルデンヌ映画に一定のリズムを刻んでいる。ダルデンヌ作品で、人は常に早足だ。誰もが足早に階段を昇降し、信号がない車道をそそくさと横断する。それは人物たちの余裕のない生に根ざしたものかもしれない。週明けに行われる職場の投票で馘首にならぬよう、同僚の説得に奔走する『サンドラの週末』（二〇一四）のマリオン・コティヤールが、その典型といえる。彼女にはとにかく時間がない。そしてそれは、心理的葛藤以上に身体的な衝突を不可避的に誘発する。コティヤールへの投票を約束する女性は夫と口論になり、また別の男は自分の息子から殴られる。あるいは『ロゼッタ』（一九九九）の冒頭では、解雇されたエミール・ドゥケンヌが抗議のために白い衛生作業衣のまま工場を駆けまわる。ロッカールームに逃げ込んだ彼女も、数人の男性警備員に取り押さえられ、職場から文字通り放り出されてしまう。背後から追いかける手持ちカメラは、彼女の怒りと共振するかのように、小刻みに揺れながらその行動の一部始終をとらえていく。『少年と自転車』（二〇一一）におけるトマ・ドレも育児放棄した父のもとに帰ろうとして、養護施設の柵を乗り越えて脱出しようとするが、やはり職員に取り押さえられる。ダルデンヌ作品は、多くの場合、幼き者たちによる幼き闘争を、その乾いた暴力性とともに切り取っていく。

『その手に触れるまで』
©Les Films Du Fleuve – Archipel 35 – France 2 Cinéma – Proximus – RTBF

### 未熟さの暴走

だが、彼または彼女のふるまいを「闘争」と呼ぶのは、いささか語弊があるかもしれない。それは少年や少女たちの存在を闘士（闘争の主体）と見なすことで、彼または彼女を暗黙裡に英雄視することになりかねないからだ。それはダルデンヌ作品を決定的に見誤ることを意味する。実際、ダルデンヌ兄弟は人物の英雄化を一貫して拒否してきたといえる。ダルデンヌ作品の登場人物ほどヒーローから遠いものはない。観客が人物への心理的同一化の機会を与えられることも、ほとんどの場合ない（ダルデンヌ作品としては初めて有名俳優が主役として起用された『サンドラの週末』は、馘首を免れようと奔走するヒロインを無条件に応援できる点で例外的であろう）。『その手に触れるまで』において、イスラム原理主義の名の下に女性差別を行い、アラビア語教育のカリキュラム方針と瀆神とを混同して凶行に及ぶ彼の言動を冷徹に見据えていくカメラは、むしろ彼の安易なヒロイズムを批判し、その反動的な女性観を糾弾しているとさえいえる。ダルデンヌ兄弟は、何らかのかたちで法に触れる人間をいくども描いてきた。『イゴールの約束』における移民の不法労働者の斡旋をする親子がそうであり、ベルギー国籍取得のために偽装結婚をする『ロルナの祈り』（二〇〇八）のヒロインもそうである。生後間もない我が子をあやしげなブローカー経由で売ってしまう『ある子供』（二〇〇五）も、そうした犯罪の主題系にある。

ダルデンヌ兄弟は人物たちを決して同情的に描かない。たとえアメッド自身がいかにイスラム教の導師に心酔し、教義に忠誠を誓っているとしても、その姿に同情を寄せることは難しい。アメッドの信仰心は他者（この場合は女性）への拒絶の身振りとして表れるからだ。帰り際、女性教師から別れの挨拶として握手を求められても、彼は、それは宗教上禁止されていることであるといって頑として受けつけない。「大人のムスリムは女性には触らない」。彼の言動に嫌悪感を覚えるとしたら、それが多分に性差別主義的に響くからだろう（その印象はアメッドが母親に対して、アラビア語で吐き捨てる暴言によって補強される）。彼が教師に向かって口にする「僕は子供じゃない」という台詞は、その言葉に相反して、彼の未熟さを際立たせている。実際、映画においてまず強調されるのは、アメッドの高慢さと自己中心的な言動だ。自動車に乗って兄とその友人とともに指導者の開く礼拝に向かう。前の席で笑い興じている兄と友人を、後部座席で『コーラン』を暗記中のアメッドは横柄に叱りつける。

こうした登場人物たちの未熟さや幼稚さは、たとえば『ある子供』の始めの方で、カップルが車中でじゃれ合う場面の執拗な描写によって強調される。子守り代わりに女はカーオーディオをつけるが、男はすぐそれを切る。それをまた女がつける。最終的に女が運転中の男の手に噛みつくにいたる、この児戯めいた諍いは、それが走行中の車中であるため（結局何も起こらないが）何か大惨事につながるのではないかという不安を起こさせる。にもかかわらず、そうした危険を意に介さない二人の無神経さは、観客の神経を逆撫でせずにはいられない。別の場面に目を向けると、盗品の売却相手から聞いた幼児売買の話を思い出し、金欲しさにあっさりと子供を売り飛ばしてしまう男の態度は愚劣としか感じられない。携帯電話で売人からの指示を待つ間、彼が泥を踏んだ靴で壁に跡をつける遊びに興じるのも幼さの表れだろう。『イゴールの約束』における少年（『ある子供』の主人公と同じくジェレミー・レニエが演じている）もまた、罪の意識など持ちあわせていない不良少年として描かれていた。ガソリンスタンド兼自動車修理工場で見習いとして働く彼は、顔色ひとつ変えずに老婦人のバッグから財布を盗む。

ダルデンヌ作品の場合、闘争（というより他者との軋轢）は階級差から生じるものでなく、むしろ同じ境遇の者たちの角逐となって表れる。そしてそれは、必ずしも社会的弱者のみに限ったことではない。『午後8時の訪問者』（二〇一六）では医療従事者の間においてすらこの問題が発生する。アデル・エネルは診療時間外に鳴ったブザーに応対しようとした研修医に、ただ「力関係を見せたい」がために無視するよう命じる。結局これが引き金となり、「見知らぬ少女」（この映画の原題は *La Fille inconnue*）は命を落とし、研修医はいったん医者になることを断念してしまう。こうした狭い人間関係内での角逐状況は、「ボーナスか、サンドラか」を従業員に選ばせる『サンドラの週末』にも当てはまる。ここでサンドラが同僚たちの倫理観にいっさい訴えないのが潔くもあり、悲しくもある。このゼロサムゲームでモラルを問うてはならないことを彼女は知っている。彼らがもらす謝罪の言葉をやんわりと、だが決然と拒みつづけるのは、そのためだ。彼女は体制を転覆させようとはしない。体制の理不尽なルールを受け入れてしまっている。その点で、サンドラは『ある子供』や『その手に触れるまで』に登場する若年者の無軌道さと同列にはならないかもしれない。しかし鬱病から回復して間もない彼女は、突発的に抗不安薬を過剰摂取して自殺を図るような不安定さを抱え込んでいる。彼女は大人と呼ぶには、あまりに脆弱なのだ。

## 改心＝回心

にもかかわらず——いやそれゆえにというべきか——ダルデンヌ兄弟はこうした非英雄的な人物たちのなかに、隠れた英雄性を見てとろうとしているようだ。彼らは、まったく英雄的でない。しかしそのことが逆説的に、現代の英雄の条件となっている。英雄的特色として第一にいえるのは単独性である。ダルデンヌ的主人公は常に孤独である。少年少女が主人公の場合、彼または彼女たちの親は、単に無能である以上に障碍ですらある。『イゴールの約束』の父親は、事故死した不法移民の男の死体隠蔽を手伝わせ、男の妻に真実を言わぬよう命じる。『ロゼッタ』のアルコール依存症の母親は、更生施設につれて行こうとする娘を池に突き落として逃走する。『その手に触れるまで』においてアメッドの父は登場しない（アメッドは自分たちを「投げ出した」というだけである）。母親について、アメッドは「のんだくれ」と、その飲酒癖を嫌悪している。孤独であるということは、周囲の無理解に耐えることを意味する。開業時間外の外来患者がその後死亡したことに強い罪悪感を抱いた『午後8時の訪問者』の医師は、独自に事件の調査に乗り出すが、その行動は周囲からの理解を得られることはなく、却って激しい抵抗に遭う。『サンドラの週末』のヒロインが従業員仲間から受ける抵抗も、彼女の孤立を物語る——とはいえ、彼女には献身的な夫（ファブリツィオ・ロンジョーネ）がおり、後半では理解ある同僚（クリステル・コルニル）が連帯してくれるのだが。

隠れた英雄性は何らかのかたちで主人公たちが経験する改心＝回心にも見てとれる。『イゴールの約束』では、事故死したアフリカ出身の不法労働者の男から「約束」を託された少年が、非人道的なブローカー業に手を染める父に背き、男の妻子を助けるさまが後半のドラマを構成する。『ロゼッタ』で、一度はワッフル販売員の職を手に入れたヒロインは、結局、経営者に辞職すると電話する（ただ、失職した青年がその代わりに復職できるのかは分からないが）。『ある子供』で、子分の少年とひったくりを犯した青年は警察に自首し、自らの罪を引き受けるだろう。『ロルナの祈り』の女性も、偽装結婚で同居していた男とのあいだに身ごもった子供（本当の妊娠か、彼女の想像妊娠であるのかは曖昧であるものの）を産むことを決意する。『サンドラの週末』で、臨時雇いの従業員を契約切れで解雇することとひきかえに復職を持ちかけられた主人公は、その社長の提案を撥ねつける。この倫理的覚醒が、ダルデンヌ作品の強いドラマ性を形作っていることは確かだ。それは過去の行いの反省という意味では改心だが、思想信条の一八〇度の転換をもたらすという点では回心という方が近い。

この改心＝回心が、おそらく最も劇的な展開を見せるのが『その手に触れるまで』だ。農場での作業からの帰途、職員の運転する車に乗せられたアメッドは、一瞬の隙をついて脱走し学校を目指す。この時点では依然として女性教師を殺害しようとしていることは、学校に着いた彼が、凶器として用いるべく、植木鉢を固定する金具を壁から引き抜くことからも明らかだ。しかし彼は重傷を負ってしまう。壁をよじ登り、二階の開いた窓から侵入を試みるが、失敗し、転落するのである。全身を大地に激しく打ちつけ、立ち上がることはおろか動くことすらままならなくなった彼は、仰向けのまま嗚咽し、「ママン」と口にする。このあと、女性教師に許しを乞うところで映画は終わるが、そのいかにも唐突な幕切れがこの「改心=回心」を人知を超えたものとして神秘化しているように思われる。このシーンで思い出すべきは、ロベルト・ロッセリーニの『ストロンボリ／神の土地』（一九五〇）かも知れない。イタリアの漁師と結婚したリトアニア女性（イングリッド・バーグマン）は、島からの脱出を試みて噴火する山へと登るが、疲労困憊して、岩肌に身を横たえ一夜を過ごす。翌朝、彼女は突如として神への祈りを口にする。ここでバーグマンが仰向けに寝そべり、降り注ぐ日光を全身で受けとめているさまは、アメッドの姿に重なる。

## 裸の眼差し

だが少し気になることはある。たしかに、彼は、かつて暴言を吐いた母親を呼んで泣き、殺害しようとした女性教師に対して許しを乞う。だがそれはあまりに飛躍しすぎなのではないか。具体的な歩み寄りのプロセスそのものを蔑ろにしたそのラストは、都合良く捏造された偽りの解決なのではないか。そこには真の赦しはなく、赦しの錯覚しかないのではないか。事実、ダルデンヌ作品において、赦しや和解のくだりはどれも至極あっさりとしている。『ある子供』における刑務所の面会室では若いカップルが物言わずコーヒーを飲み、無言のうちにお互いの手を取り合ってむせび泣く姿で閉じられる。『少年と自転車』で、少年（トマ・ドレ）が年上の不良青年の計画で強盗を働いたあと、青年に見放されたため実父に盗んだ金を渡そうとするが追い返され、週末だけ里親を引き受けている世話人の女（セシル・ドゥ・フランス）のもとに戻ってこれまでの非行を謝罪する（そしてずっと一緒に住みたいと伝える）場面は、あっけないほど短い。映画は現実社会の問題を提示することはできても解決することはできない、といってしまえばそれまでだろう。だが、だからと言って、とってつけたような解決法で観客を無理に納得させることは、はたして映画作家として誠実といえるだろうか。『その手に触れるまで』における少年の「改心＝回心」に、私たちはどこまで信を置くことができようか。

もう一度、アメッドと職員たちの格闘の場面に戻ってみたい。そこで彼の眼鏡がとれて床に落ち、一瞬、彼の素顔があらわになる。そこで私たちの胸を打つのは、彼のいらだちの表情以上に、その脆さ、弱々しさではないか。眼鏡はいわば、外界から彼を守る鎧のようなものである。教師殺害の予行演習のとき、ナイフの隠し場所の確保とともに、眼鏡が外れないよう、つるに細工をするさまが描かれていた。眼鏡は彼にとって視力矯正以上に何か自らのアイデンティティを保障する必須アイテムであることが分かる。アメッドが無表情の印象を与えるとしたら、この大きな眼鏡のせいだろう。それだけに、最後の転落後、その眼鏡がとれた彼の無防備さに心を動かされてしまう。彼の眼鏡が外れるのは、自分の意志か、きわめて外的な暴力によってである。

だがそうでない例外的な場面が、ひとつある。農場で出会った少女ルイーズ（ヴィクトリア・ブルック）と、昼食をとる場面がそれである。少女はアメッドに眼鏡を外してほしいと言うのだ。アメッドと少女は並んで食事をしている。少し離れたところで大人の職員たちも簡単な食事をとっているが、二人とは距離を置いたところから見守っている。沈黙が支配する。遠くでは牛が鳴き、鳥がさえずり、草がそよぐ音がする。施設入所時の一連の騒動とは対照的な、平穏な時間が過ぎていく。何度となくアメッドに視線を送るこの少女が、彼に好意を寄せているのは明らかである。だがアメッドはうつむいてパンを黙々と口に運ぶだけだ。彼女が草の先でアメッドの頬をなでても、彼はまったく頓着しない。少女はそれでも諦めず、いつから眼鏡をかけているのとアメッドに訊ねる。四、五歳くらいからと答えるアメッドに、眼鏡をとるよう頼む。どうして、と訊ねるアメッドに少女は言う。「見たいからよ」と。少女の求めに応じて、彼は眼鏡をとる。それから少女は眼鏡を貸してほしいと言う。少女は眼鏡をかけ、さり気なく「キスしたい」と言う。アメッドはそれに微笑み、ペットボトルの水を飲む。このシーンが感動的で美しいのは、ダルデンヌ作品で同年代の少年少女の瑞々しい交流が初めて描かれているからである。アメッドは、少女の導きで、初めて無防備な表情をあらわにする。

結局、アメッドは彼女の好意を素直に受け入れることができない。これが「恋」と呼ばれるものであることすら、アメッドは気づいていないように見える。少女にイスラム教への改宗を迫り、それが無理だと知るや彼女を突き飛ばし、「不信心者！」と暴言を吐く。こうしてアメッドは、原理主義者の殻に閉じこもってしまう。彼が車から脱走し、女性教師を殺しに向かうのはこの後のことだ。これは何を意味するのか。先ほどの「恋」が無意味であったということか。だが別の可能性もある。この再度の殺害計画は、直前の「恋」への戸惑いの結果であった、という可能性である。アメッドと少女の交流は、とくにエロティックなものではない。ただ、それは眼鏡越しではなく、裸の眼差しで見つめ合うという、あまりにも素朴な、しかしこれ以上ないほど純粋な行動によってなされている。アメッドは裸眼で、少女はアメッドの眼鏡をつけて見つめ合う。それは少女の言うように、夢の中にいるようなぼやけた姿で見つめ合うということだ。そんな不鮮明な視覚による眼差しは、現実ではなく、まさに別次元——敢えていえば魂の次元——の交流を意味する。

『その手に触れるまで』のラストにおける彼の唐突な「改心＝回心」は、すでに少女によって「見られる」ことから始まっていたのではないだろうか。女性教師も母親も、導師も施設の職員も、アメッドの裸の眼差しを見ることもなく、また（当然ながら）アメッドの眼鏡を通して彼を見ることもなかった。ただ農場の少女だけが、彼の眼鏡を外し、彼を武装解除し、そして彼の眼鏡を魂の交流の道具としてしまうのである。アメッドの「改心＝回心」は、だから、とってつけたようなヒロイズムとは無縁の、恋ともいえぬ恋の端緒によって始まっていた。キスしたいと少女に言われて思わず微笑んだときから、アメッドと女性教師あるいは母親との和解は用意されていたといえる。

ダルデンヌ兄弟の映画は社会の周縁に生きる「弱い」存在を、手持ちカメラによる無加工的な映像と音響で映し出していく。そうした対象の選択とスタイル的統一性は、『イゴールの約束』から『その手に触れるまで』まで（そして最新作である『トリとロキタ』まで）四半世紀ものあいだ一貫している。それはストイックであるが、同時にまたマンネリズムとクリシェ化の危険がつきまとう。名もなき存在のヒロイズムは陳腐な教訓に堕しやすい。これまで述べてきた「改心＝回心」が、御都合主義にも見えるだけになおさらである。『その手に触れるまで』が他の作品にもまして例外的に思えるのは、主人公がこの裸の眼差しを通して「生」を学びとっていくからである。「生そのものは根柢から絶え間なく学ばれ容赦なく練習されなくてはならない手仕事のようなもの」（『反時代的考察』、小倉志祥訳）と述べたのはフリードリヒ・ニーチェである。ある既存の教えに盲目的に従うのではなく、目の前にある変化の予感に身を預けること。少年が経験するのは、この生の根柢からの学びであったのだ。

# 愛は不時着する　ダルデンヌ作品における身体の落下

大内啓輔

ジャン＝ピエール＆リュック・ダルデンヌの映画には、身体の落下というモチーフが繰り返し登場する。彼ら兄弟にとって初めて妥協することのない環境で撮りあげられ、そのスタイルを確立したとされる長篇劇映画の第三作『イゴールの約束』（一九九六）から、狂信的な思想に染まっていくムスリム少年の姿を描いた第一一作『その手に触れるまで』（二〇一九）にいたるまで、ダルデンヌ兄弟の作品では登場人物の身体が落下する瞬間がさまざまなかたちで変奏されてきた。このモチーフは第一に、ダルデンヌ作品において重要な主題である、主人公の倫理をめぐる問題と深く結びついている。そして、登場人物たちが「他者」とともに生きるために行動し、変化していくための契機ともなりうる。ダルデンヌ作品に登場する落下の瞬間について、そこで何が生じることになるのか、作家のスタイルを確認しながらひもといていきたい。

## 落下と倫理

『イゴールの約束』において主人公の少年イゴールは、外国人違法就労者を匿い、彼らの不当な売買を行う父親と暮らしている。あるとき、不法移民の一人で、ブルキナファソに出自を持つアミドゥが建設現場での高所作業で足を滑らせ、地面に落下してしまう。イゴールは、大腿部から多量の出血をした彼を救おうと父親に助けを求めるが、彼は救急車を呼ぶどころか、止血のためにイゴールが巻いたベルトを外し、アミドゥをそのまま死なせることで事故を隠蔽しようとするのだ。死を悟ったアミドゥはイゴールに「妻と息子を頼む」と口にする。この言葉を受けたイゴールは、父親に言われるままに付き従うだけだった自身が加担してきた罪と初めて向き合う。アミドゥとの「約束」を果たすべく、その妻であるアシタと行動をともにするようになっていくイゴール。そのなかで彼は、利己的に行動し続ける父親の醜悪さをも正面から直視することになる。

ここで重要なのは、イゴールにとって目の前で偶然に生じた身体の落下こそが、彼の倫理を問い直す契機となったということである。自身の罪の自覚からイゴールは父親に逆らい、それまで「他者」であったアシタと運命をともにすることを選択するのだ。

『イゴールの約束』に続いてダルデンヌ兄弟が手がけた『ロゼッタ』（一九九九）でも同様に、落下は主人公に倫理を問う重要な役割を果たすことになる。イタリア系移民であるロゼッタは、アルコール依存症の母親とトレーラーハウスで生活しながら、安定した収入を得るための職を探し続けている。工場を解雇されたばかりの彼女は立ち寄ったリサイクルショップで人手が足りているか尋ね、役所では求職登録を試みる。そんななか行きつけであるらしいワッフル屋でリケという店員と出会い、親しくなっていく。

その後、ワッフルの製造所での職を一度は得たロゼッタだが、すぐさまオーナーの息子にその仕事を奪われてしまう。落下の瞬間が到来するのは、再び職探しを始めたロゼッタがオーナーから仕事はないとまたしても告げられた直後のこと。ロゼッタのもとを訪れたリケは、彼女がマスの養殖場に落とした仕掛けの瓶を引き上げようと試みるが、池の縁で足を滑らせ池に落ちてしまう。ここでロゼッタは彼に救いの手を差し伸べるか否かという葛藤に苛まれる。自分と同じく困窮した境遇にいるはずのリケを見殺しにすることは、彼の欠員補充としてワッフル屋での職を得ることと引き換えに、彼女の理解者となった彼の信頼を裏切ることを意味する。それは、生きるために他者を犠牲にすることが許されるのかという倫理に関わる問題である。結局ロゼッタは木の枝を持ってきてリケを引き上げるのだが、その後、彼女はワッフル屋での仕事を得るために、店員であるリケのささやかな不正をオーナーに告発し、自らの生存のために尊厳を失ってしまう。このときの彼女の脳裏には池に沈みゆくリケの姿が焼きついていたはずだ。

リケが落下する場面に先立ち、ロゼッタは母親をトレーラーハウスの外に連れ出そうとしたところ喧嘩になって、母親から突き飛ばされて池に落とされており、沼にはまっていく恐怖が身体に刻まれていた。リケが溺れているあいだ、ロゼッタは彼を見捨てることが仕事を得る絶好の機会になるという考えが頭をよぎると同時に、溺れる苦しみを自身の内で反芻してもいる。映画を見る者ももちろん、この心情は容易に想像でき、それゆえにロゼッタが葛藤に苛まれる場面は切迫感をともなったものとなる。

『イゴールの約束』と『ロゼッタ』で描かれた落下とは、端的に言えば、主人公たちが自分自身の加害性を自覚することにより、倫理を求められる契機となった分岐点を意味する。「映画は世界の実践である」[1]というジャン＝ピエールの言葉を借りるなら、彼らの映画は困難を抱えた人物たちの行動を通じて倫理を問いかける、まさに実践の場として機能している。落下の瞬間を経たのち、イゴールとロゼッタは自身のなかで何かが決定的に変化し、それ以前と同じではいられなくなる。その結果、彼らが父親や母親といった近親者ではなく、本来であれば相容れなかった「他者」と生きることへの可能性が提示されるのだ。

## 逆説的なスタイル

ダルデンヌ作品において、登場人物が落下する瞬間そのものはカメラによってはっきりと捉えられず、観客がその瞬間を正確に視認することはできない。また、落下の瞬間は唐突に訪れる。こうした描写の前提となるダルデンヌ兄弟のスタイルの内実について、いくつかの作品から検証していくことにしたい。

しばしば印象的なシークエンスとして語られる『ロゼッタ』の冒頭、激しく感情を昂らせたらしきロゼッタは、階段を勢いよく駆け下りていく。その背中をカメラは必死に追いかける。その後も『ロゼッタ』は全篇で説明的な要素を排除し、観客は手持ちカメラで映し出されるロゼッタの行動のみから起こっている事態を理解していくしかない。カメラは登場人物の行動や発話が始まってからおもむろに動き出し、あらかじめ挙動を待ち受けることもない。

『ロゼッタ』に続く第五作『息子のまなざし』(二〇〇二)では、こうしたダルデンヌ兄弟の手法がより徹底される。この作品では、職業訓練所で大工仕事を教える教官オリヴィエ(演じているのは『イゴールの約束』でイゴールの父親、『ロゼッタ』でワッフル屋の店長を演じたオリヴィエ・グルメ)が、かつて息子を殺した少年フランシスと偶然の再会を果たす。彼は訓練所の生徒としてやってきたのだ。本作では、オリヴィエがフランシスへの教育を通して父子のような関係を築くなかで、赦しと裁きのあいだで揺れる姿が描かれる。全篇を通じて強い印象を残すのは、オリヴィエの後頭部である。冒頭からオリヴィエの挙動を追いかけるようにカメラは動き、その表情がはっきりと正面から収められることはほぼない。オリヴィエがフランシスと言葉を交わす場面では、切り返しによる視線の交換は行われず、カメラのパンによって追いかけられる二人の表情から読み取れる変化はごくわずかだ。ここには決定的な遅れの感覚がある。観客は作品全体を見通すような超越的な立場からオリヴィエの心情や行動を判断するのではなく、あくまで彼らと同じように世界を追認することしかできない。

フレーミングも同様である。人物が近距離で捉えられるため、その瞬間に起こっている出来事を俯瞰的に捉えることはできない。ダルデンヌ兄弟の作風がドキュメンタリー的であるとされるのも、ストーリーの意図的な語り落としやカメラの存在をあえて意識させる手法によるものである。こうしたダルデンヌ兄弟による演出の方法論は、ドキュメンタリーから出発した彼らが映画作家としてフィクションを撮りあげるための明確な指針ともなる。

登場人物と同じ不幸や幸福に人を同一化させる有効な手段——つまり真実を物語る方法を上手く生み出せずにいました。(…)転機は『イゴールの約束』の作業中に訪れました。突然、重要な物事を観客に見せたり隠したりするには、一体どこにキャメラを置けばいいのかという映画の主要な問題に答えを見つけたんです。逆説的なことに、見せないものが見せるもの以上に映画にとって重要なことに気づきました。イメージのフレームをうまく決めること、それが肝要です。[2]

作家自身がこう語るように、ダルデンヌ兄弟のスタイルは逆説的な意識に導かれている。彼らの作品では、カメラがしかるべき場所に置かれていないという感覚がつきまとう。フレーミングも、あらかじめ用意された枠に人物が配置されるのではなく、登場人物たちの存在こそがフレームを規定する。『息子のまなざし』や後年の『サンドラの週末』(二〇一四)などにも登場する、自動車の運転席と助手席で二人の人物が言葉を交わす場面では、人物の顔は相手の肩越しに捉えられる。ショットから読み取れる表情はあくまで最小限であり、それゆえに登場人物の心情に対する想像の余地を与えることになるのだ。

こうしたスタイルによって、落下の瞬間におけるスペクタクル性を否定する姿勢も一貫している。少年を主人公とした『少年と自転車』(二〇一一)や『その手に触れるまで』での落下は、主人公に大きな変化をもたらすものであるにもかかわらず、来るべき瞬間としてではなく、予告なしに突然に起こる。そのため、主人公の落下への驚きと、観客の落下への驚きはほぼ同期する。観客は安全な傍観者から一歩踏み出た位置に立つことを求められ、それゆえに、落下を通じて彼らに訪れる重大な変化が、真に迫ったものとして感じられるのである。

## 他者の身体

ダルデンヌ作品では、唐突な終わりが強い印象を残す。例えば『息子のまなざし』における、材木置き場でオリヴィエがフランシスに真実を告げたのちに引き起こされる追走劇を見てみよう。林の中へ逃げ込んだフランシスを捕らえたオリヴィエは、興奮状態で抵抗する彼の首に手をかけてしまう。だが、躊躇したのちにその手を離す。オリヴィエが材木置き場に戻り、木材を積んでいると、林の中から姿を見せたフランシスはおもむろに手伝い始める。ここでの「和解」にいっさいの説明はない。フランシスが戻ってきて作業を再開するにいたっても、いっさい無言である。そして唐突な終幕が訪れるのだ。

ダルデンヌ作品には感情を吐露する台詞がほとんど存在しない。いや、まったくないと言ってよいのだが、代わりに重要になってくるのが、カメラが捉える登場人物たちが持つ身体の存在である。

『息子のまなざし』では、職業訓練所にやってきたフランシスにオリヴィエが木工を教える際に、自分の手つきを真似るようにうながす。他方でオリヴィエも、フランシスの目を盗んで彼の質素な部屋に入り込み、ベッドで横になるなど、少年の行動パターンを真似してみせる。この行為そのものの目的ははっきりと説明されない。彼が自分の息子を殺したフランシスに少年愛のような感情を抱いているという解釈すら可能であるだろう。

ただ、事後的に推測できるのは、オリヴィエはフランシスの行動を真似ることで、論理としてではなく、より直感的な次元で彼を理解しようと試みていたのではないか、ということである。すなわち、行動の結果として新たな感情が生じるという連鎖反応の重視がこのシーンには感じられる。そこから考えれば、オリヴィエがフランシスに直接木工を教える理由も、自身と同じ行動を繰り返させることで、フランシスを自身の心情に近づけようとする意思が介在していると読み取れるだろう。

そして、材木置き場での追走劇も、そうした「行動から感情が生起する」というテーゼの一つの変奏といえよう。追走を通じて、彼らの間には言語化不能な感情が生まれる。それは「殺す／殺される」というプロセスを追体験しかけたことで、彼らが相手の気持ちを初めて理解したということかもしれないし、そうではないのかもしれない。しかしいずれにせよ、ここで和解への希望が芽生えたようには感じられるのだ。

## 落下する少年

ダルデンヌ作品における落下の意義について、もう少し見てみよう。『少年と自転車』では、まもなく一二歳になろうとしている少年シリルが、自分を児童養護施設へ預けた唯一の肉親である父親と再び一緒に暮らしたいと望むなかで、美容院を経営するサマンサと出会い、週末限定の里親となった彼女の家で休日を過ごすようになる。サマンサの助けもあり、父親を捜しあてたシリルだが、父親は彼を迎え入れる気はない。一方で、サマンサは恋人との間に軋轢を生んでしまうほどにシリルに愛情を向け、彼女との交流のなかでシリルの心も変化を見せていく。こうした心の機微を描くなかで、シリルが高所へよじ登る動作の描写が反復される。冒頭、シリルは養護施設からの逃走を試みて施設を取り囲むフェンスをよじ登ろうとするが、大人の手によって引き戻されてしまう。また別の場面では、父親が働くレストランを訪れ、声をかけるために塀をよじ登る。そして、父親が売り払い、サマンサに買い戻してもらった大事な自転車が不良グループに戯れで奪われたときに、相手を追いかけて林の樹木をよじ登ろうとする。ダルデンヌ兄弟は本作の着想源として、かつて「赤ちゃんの頃から施設に預けられた少年が、親が迎えに来るのを屋根にのぼって待ち続けていた」というエピソードを聞いたことを明かしている。[3]その高所のイメージが全篇に反映されている。同時に、上昇と下降という少年の身ぶりがさまざまな形で描かれることで、少年の変容に説得力が生まれていく。そして、シリルが生き生きとした表情で自転車に乗り、滑走するという水平方向への移動とのコントラストが際立つことにもなる。[4]

　高所へよじ登ろうとするシリルの行動は、大人たちの手によって中断させられていたが、結末においては悲劇的な色合いを帯びて現実のものとなってしまう。初めてできた友人ともいうべき不良少年にそそのかされて犯罪に手を染めてしまったシリルは、その被害者である親子と遭遇する。シリルは前述の林の中に逃げ込むものの、息子が木に登ったシリルに石を投げつけると、命中して木から落下してしまう。失神したシリルの安否を確認する親子。シリルの無事が確認されて胸を撫でおろすとき、この落下が単なる事故である以上に、試練を受けたシリルの「再生」をもたらすという象徴的な解釈が生まれる。落下を経て、静かに歩き出すシリルの姿には、彼がサマンサの愛に応えるだろうという予感が感じられる。

　再び少年を主人公とした『その手に触れるまで』でも、最後に彼が落下するという展開が待ち受けるが、その意味合いはより希望に満ちたものとなる。イスラム教の経典コーランに熱中し、イスラム過激派に染まっていく少年アメッドは、教師であるイネスを背教者として、聖戦《ジハード》の標的に定める。彼女を殺害することには失敗し、アメッドは少年院に収容される。そこでの更生プログラムの一環として参加した農場作業からの帰路で、自動車の助手席から脱走したアメッドはイネスのいる学校へと向かい、植木鉢を壁に固定していた金具を盗む。そして、建物の中に入るために屋根を伝って二階の窓枠に手をかけたとき、誤って地面に落ちてしまう。怪我で身体が動かなくなったアメッドが金具でフェンスを叩いて音を立てると、イネスがアメッドのもとに姿を見せる。そのとき、アメッドは初めて謝罪の言葉を口にし、彼女の手を握る。

ここで描かれるのは、アメッドの贖罪というかたちでの心境の変化である。落下したことで改心するというラストの展開はいささか安直にも思われるが、ダルデンヌ兄弟のフィルモグラフィを通じて考えると必然性があるだろう。アメッドの変化はダルデンヌ兄弟のほかの作品と同様に、言葉によって説明されるものではない。もともとはイネスを殺す凶器として用意されていた金具、および金具を操る手がイネスに救いを求める手段へと変わったことに、その萌芽をしめす役割が付与されているのだ。

『その手に触れるまで』とは日本でのタイトルであり（原題は『若きアメッド』*Le Jeune Ahmed*）、この大胆な改変はきわめて興味深い。「他者」としての相手の手に触れることとはつまり、個々人が心理的な隔たりを乗り越えることであり、ひいては社会状況によって形成された彼らのあいだの障壁を壊すことでもある。これが決して大仰な物言いではないことは、この数年のパンデミックによって、距離をかつてないほどまでに意識する時代が到来したことで明らかになったはずだ。

「触れる」行為は、振り返ればダルデンヌ兄弟の多くの作品で印象的に登場していた。『イゴールの約束』でアシタにしがみつくようにその身体を抱きしめるイゴール、『ロゼッタ』で自殺しようとするロゼッタに手を差し伸べるリケ、『ロルナの祈り』（二〇〇八）で服を脱いでクローディにハグをするロルナ、『少年と自転車』で見ず知らずのサマンサに抱きついて助けを求めるシリルなど、お互いを隔てていた心理的な距離を縮める瞬間が、観客にとって思いがけないとっさの身ぶりによって実現することになる。[5]

身体の落下というモチーフは、『イゴールの約束』や『ロゼッタ』では倫理を問いかけるきっかけとなっていたが、『少年と自転車』と『その手に触れるまで』においては、より明確に希望をもたらす瞬間として描かれている。とはいえ、その希望はあらかじめ約束されたものではなく、画面にあらわれるものはあくまでも萌芽にすぎない。映画の終わり方は唐突で、両義的なニュアンスを含んでいる。落下の瞬間そのものと同じように。

## 不時着という希望

ダルデンヌ兄弟の映画づくりの特徴として、撮影までに繰り返しリハーサルを行い、準備に長い時間をかけることが知られている。彼ら兄弟は「「映画」とは何よりも、肉体を運動に投げ込み、それがどう動いてゆくのか理解することです。ストーリーが書かれ、シナリオを持って現場に来ただけではダメで、キャメラが捉える肉体を通してしか映画は具体的に現れません。我々にとって俳優というのは、既に出来上がった機械を動かす道具とは違います」[6]と語る。

徹底した演出プランと入念な準備の末に開始される撮影は、一見すると完璧な画面を作りあげるためのものである。しかし彼らは同時に、偶然性の介入を受け入れる余地も残している。というよりも、すべてを緻密に作りあげたとしても、必ず予期せざるものが介入するという逆説がここにはある。「テイクを重ねていいことは俳優が疲れることとですね。疲れると自分ではコントロールできなかったことが、表現できたりします」[7]という発言も、そのことを裏づけるものだろう。『ロゼッタ』から一貫して行われている演出方法の用意周到さに対して、役者の身体はあまりにも気まぐれなものだ。そして、偶然性を重視する姿勢は、ストーリーの面にも通底した思想である。映画が進むなかで、登場人物たちも自身の予期していなかった行動を見せる。それは合理性や理屈を超えた、反射的な身体の反応のようなものである。

結論に移ろう。その「身体の反応」をうながすうえでもっとも効果的な存在となるのが、本稿で繰り返し述べてきた「落下」なのだ。落下とは多くの場合、予期せぬ事故として起こる、本来であれば避けるべきものである。しかしながら同時に、意図せざるものとしてストーリーに介入した落下は、登場人物たちの倫理を問い、果ては「他者」との隔たりを壊す契機ともなりうるのだ。

移民や貧困といった社会問題を描く映画作家として認知されているダルデンヌ兄弟だが、映画に登場する人物はより広がりのある背景を持っている。とはいえ、ダルデンヌ作品の登場人物たちはみな、少なからず孤独な状況にあることは共通している。ダルデンヌ作品では、本来であれば「他者」として出会うことのなかった人物たちを行動の連鎖によって結びつける。

そこで描かれる「他者との共生」は決して啓蒙主義的ではない。重要なのは理解することではなく、共生に向けて変化すること。そして、その変化は登場人物たちの身体性をともなった行動によって示される。スクリーンを見つめる私たちは、彼らの境遇や運命を容易に理解できると錯覚してはならない。彼らが変化に向けて倫理的な選択を下し、行動した結果の痛みを追体験することこそが肝要なのだ[8]。

『その手に触れるまで』について、作家自身は「この映画が描く魂の救済は、奇跡に拠るものではなく慈しみの心に拠るもので、それは人間的な感情です[9]」と語っている。この発言が端的に示すように、ダルデンヌ作品において登場人物が経験する「魂の救済」とは、神の恩寵のようなものではなく、人間同士のあいだで起こるものだ。ここで語られた「慈しみの心」とは、凡庸にいえば「愛」ともいうべきものだろう。そして、愛が生まれる兆しは「不時着」のようなものとして不意に到来する。私たちがそこに希望を見出すためにすべきことは、唐突に訪れるその瞬間を見逃さないように、登場人物の身体をじっと見つめ続けること、ただそれだけである。

1　『ロゼッタ』ＤＶＤ（東芝デジタルフロンティア販売）収録の監督インタビューより。

2　『息子のまなざし』劇場用パンフレット、ビターズ・エンド、二〇〇三年、一七頁。

3　『少年と自転車』日本語公式サイト、「イントロダクション」https://www.bitters.co.jp/jitensha/introduction.html（最終閲覧：二〇二二年九月一一日）。

4　『サンドラの週末』では、落下の瞬間そのものは描かれないが、その変奏ともいうべきイメージが語られる。劇中、助手席でうたたねをしてしまった彼女が悪夢で目を覚まし、息子が溺れる夢を見たと告白する。こうした場面は『ある子供』（二〇〇五）にも見られる。子どもを売り払ったことでソニアの怒りを買って追い出されたブリュノは、ひったくりの共犯となった一四歳のスティーヴを冷たい川に入れ、身体を浸させるのだ。

5　夏目深雪は「ダルデンヌ兄弟の映画の素晴らしさは、何よりも映画的仕掛けによって観客にも主人公の「倫理的選択」を体験させるところにあるだろう。そして、主人公は他者との出逢いによって変化し、結果的に「他者との共生」を選択するが、それが、あくまで「行動」で表現される点も重要だ」と端的に指摘している。野崎歓・渋谷哲也・夏目深雪・金子遊編『国境を超える現代ヨーロッパ映画２５０　移民・辺境・マイノリティ』二〇一五年、河出書房新社、八五頁。

6　『息子のまなざし』劇場用パンフレット、一六頁。

7　『ロゼッタ』劇場用パンフレット、Bunkamura、二〇〇〇年、一三頁。

8　アデル・エネルが主演した『午後8時の訪問者』（二〇一六）でも、人物が行動した結果としての「痛み」が落下する身体を通じて表象される。医師のジェニーは少女の死の真相を突き止めようと関係者を訪れるなかで、深く掘られた穴に突き落とされる。また、事件の夜、少女はジェニーの患者の一人である少年の父親に売春を持ち掛けられ、逃げようとした際に川岸に落下して命を落としたことが判明する。

9　佐藤久理子「ダルデンヌ兄弟のことば」、『キネマ旬報』二〇二〇年六月下旬号、キネマ旬報社、五四頁。

『その手に触れるまで』

# わたしたちの涙の自立

住本尚子

わたしは仕事を失った。二〇二一年の秋、このコロナ禍でのことだった。映像素材を扱う仕事だったため、撮影の自粛により素材数が減少し、映像素材のアーカイブ化は後回しにされるなど、職場での仕事量が明らかに減っていた。このままで大丈夫なのだろうかと働きながら感じていたのもあり、アルバイトのわたしから解雇されるのは必然だと思った（正しくは契約満了だけど、契約更新されなければ解雇に等しい）。けれど、上司から別室に呼び出され、「次から契約更新できないことになりました」と言われた時、涙がぽろぽろとこぼれ落ちた。涙はなかなか止まらなくて、止まらないことにびっくりした。泣いてしまったら上司を困らせてしまうというのは分かっていたし、伝えた上司もとても申し訳なさそうだったし、わたしも熱心に仕事に愛を注いでいたわけでもなかったし、なんならしょうがないかもなとさえ思っていたのに。それでも、仕事を失うというのは自分の自覚できていなかった自尊心を露わにし、社会から突き放された感覚に陥らせるもので、これほど涙に対して情けなく感じたことはなかった。わたしは泣きたくない。でも、涙が言うことを聞いてくれない。

その時、わたしはサンドラのことを思い出した。『サンドラの週末』（二〇一四）に出てくるサンドラは、病気での休職から復帰しようとしていた時に、解雇されるかもしれないという電話をもらう。それも、サンドラが仕事に復帰したらみんなのボーナスはなくなるから、ボーナスとサンドラ、どっちを取るかと数人の同僚たちに上司は迫っていたのだった。こんな酷なことある？　お金と自分を天秤にかけられるなんて。しかもボーナスは一〇〇〇ユーロ。日本円で約一四万円だ。まるで自分には一四万円の価値があるのかどうか試されているみたいじゃない？　サンドラは電話を受けたとき、泣いちゃダメだと言って涙を我慢するために、医者からも止められている抗不安薬に頼ってしまう。ねえ、なんで泣いたらダメなんだろうね？　サンドラを見ていたら泣いてもいいのにって思うのに、わたしも同じように涙を止めようとしていたんだもん。

ロゼッタのことも思い出した。『ロゼッタ』（一九九九）というタイトルそのままに、この映画はロゼッタについてのお話だ。映画の冒頭から、ロゼッタは仕事を失う。仮採用期間が終わったから、その後は契約できないということだった。わたしと少し状況が似ている。でも、ロゼッタは全身で抵抗して、仕事を続けようとする。この場にいたいという気持ちが抑えられなくて、仕事場を走って走って、警備員から逃げて、最終的には取り押さえられてしまう。抵抗するロゼッタを、警備員たちは力づくで押さえつける。見ていて息ができなくなりそうだった。彼女の苦しみを、わたしは画面でただ見つめることしかできなかった。

日本では、総務省統計局が完全失業者数を毎月発表している。二〇二一年七月分を見ると、「完全失業者数は１７６万人。前年同月に比べ17万人の減少。13か月連続の減少」らしい。サンドラ、ロゼッタのような、仕事を失ったり失いそうな人たちがこの世界にはたくさんいるのに、減少や増加などの数字でしか見えてこない現実。たとえ失業者が減少していたとしても、仕事にありつけない人が必ず存在していることを、わたしたちが肌で感じることってできるのだろうか？　契約が満了したら、次は契約してもらえないかもしれないという不安を知る術はあるのだろうか？　わたしは少なくとも、自分が失業して初めてこの悲しみを現実的に知った。今まで、サンドラやロゼッタのことを分かったつもりでいただけだった。もちろん、映画を観ることで、自分の力だけではどうすることもできない人々の窮状を知ることができるし、その後の思想や言動も変わるだろう。知識としての感情を育むことはできる気がする。けれど、ロゼッタが母親と共にトレーラーハウスから追いだされたとしたら？　サンドラの夫も失業したとしたら？　彼女たちはホームレスとして生活することになるのだろうか？　仕事を失うことで生まれる問題を、わたしたちは細かくは想像できない。

もし仕事がなくなってしまったら。改めて考えてみる。

真っ先に心配なのが、やはり住まいを失うことだと思う。サンドラの夫が、失業してしまったら今の家を出なければならなくなると言っていたように、仕事を失うことと住居の喪失は直結している。けれど、サンドラやロゼッタがホームレスとして生活するという想像が上手くできない。女性のホームレスを、なかなか見かけることがないからかもしれない。

社会学者の丸山里美さんの著書で『女性ホームレスとして生きる——貧困と排除の社会学』（世界思想社）という本があって、野宿生活をしている女性がどうして男性よりも少ないのかについて触れている。女性は低賃金で雇用保険や社会保険に加入できていない状況の人も多く、夫との死別・離別、自身の失業をきっかけに貧困になりやすい。働けたとしても賃金は低いままで、働けなくなった後も保険に加入していないことにより自立しにくい現状があるのだ。日本では、女性が家で働き、男性が外で働くことが前提で社会福祉制度が成り立っているため、賃労働を期待される男性とは違い、女性はどちらかというと社会保険よりも社会福祉や公的扶助に繋がりやすい。それゆえ、ネットカフェ難民など、家は失っているけれど、野宿生活という選択にはならないため、女性のホームレスは見えづらく、見えない貧困として元々認識さえもされていないのが現実だ。

ロゼッタが生活保護を受けずに、モグリのような仕事も断り、自分の力で仕事を得たいという気持ち。それは、自立したひとりの人間としてこの世界で生きたいという強い意志の表れだと思う。この映画に登場する雇い主が全て男性であることからも言えるように、何かを判断し決定するのは男性が多く、女性は判断される側になりがちだ。ロゼッタにとってのリケや、サンドラにとってのマニュのように（どちらの役もファブリツィオ・ロンジョーネが演じている）側にいて支えようとする男性はいるものの、彼らはどこか、自らの意志に相手を従わせようとしている。ロゼッタやサンドラにとって、その優しさはきっと嬉しいものだと思う。けれど、心のなかではきっと、誰かから助けられるのではなく、自分の力で生きていきたいし、自分がここで生きているという実感を持ちたいのではないだろうか。

サンドラは最後に、職場の再投票で敗れはしたものの同数票と善戦し、自分の力で戦えたこと、自分の権利を最後まで行使できたことに、誇りを持てるようになっていた。ロゼッタは自分の意志でワッフル屋の仕事を辞めた。彼女たちは自分の力で自分の尊厳を取り戻したのだ。そんなふたりの姿を見たとき、心が震えた、励まされた。わたしも自分の力で生きていきたい！

あの涙の理由がわかった。わたしは自立した人間としてこの世に存在したかったんだ。それが出来ない悔しさに泣いていたんだ。わたしがここにいて、存在していいと自分自身が思えなくて、だから涙を流すことさえ恥ずかしいと感じていた。でも、涙を止める必要はない。仕事を続けたい、自分の力で生きていきたいというのは、誰しもが感じることだ。それは男性だろうが女性だろうが関係なく、どれだけ社会的に一人で生きていけない苦しい状況にある人でも抱く感情だと思う。だから涙は流していたい。悔しさを目に見える形にしたい。涙は蒸発するかもしれないけれど、流し続けた涙はいつしか川となり、涙は自立する。わたしたちはここにいるのだという声が出ないのなら、涙を流すことでわたしたちの存在を知らない人々に伝えてやるんだ。

わたしたちの代わりに、サンドラもロゼッタも、上映や再生のたびに、何度も何度も尊厳を取り戻してくれる。おそらくそれが作品の宿命なのだろう。だから大丈夫。その涙はあなただけのものではない。わたしたちの涙は何万人、何億人の悔しさとともに、川よりももっと大きい海となる。何かの型に収まるんじゃなくて、自分の手と足で、悔しさの海を泳ぎきってやろうじゃないか。

Deux jours, une nuit
Rosetta

# 綿密さから生まれる偶然　ダルデンヌ兄弟からの影響について

藤元明緒
取材・構成＝若林良

大学に入るまではほぼバスケットボール一筋で、映画も『ミッション：インポッシブル』シリーズとか、シネコンでかかるような大作しか見ていませんでした。大学を卒業後、専門学校で映画を学ぶようになって、はじめて芸術としての映画の魅力を知り、そこから映画にのめりこんでいきました。

学生時代にはまっていたのは、寺山修司さんの作品や、ドラマですが佐々木昭一郎さんの『四季　ユートピアノ』などですね。フィクションではありつつも、作品の舞台で実際に暮らしている人を登場させるとか、どこか現実と地続きになっている作品に惹かれていたように思います。

ダルデンヌ兄弟の作品を好きになったのも、出発点としてはドキュメンタリーの趣きを感じさせるところにありました。ただ、見ているうちに、ダルデンヌ作品が単なる「ドキュメンタリータッチ」ではないことにも気がついていきます。実際、ダルデンヌ兄弟は入念にリハーサルを積み重ねて、一つひとつのシーンを綿密に作り上げていっていますよね。そういう意味では、偶然生まれたものにただ身を任せるようなアプローチとは少し違う。むしろ造形美を重視している作家とも言えるのではないかと思います。

とはいえ、ダルデンヌ兄弟の作品は同時に、やはり「ドキュメンタリータッチ」でもあります。美意識にのっとって構築された世界の中で、監督自身も意図しなかったものが登場し、それが作品でもっとも感動的なショットを生み出す。特に顕著なのは、『イゴールの約束』（一九九六）と『その手に触れるまで』（二〇一九）ですね。

『イゴールの約束』の場合、最後に主人公の少年がこれまで隠していたことを打ち明けるシーンがありますよね。子どもの演出は難しい。誰かと一緒に遊ぶとか話をするとかは、ほかの人の行動を受けてのリアクションになるのである程度はやりやすいのですが、自発的に言葉を語らせるとか、行動させるとなるとぐんと難度が上がります。でも、少年の告白はその表情や話し方も真に迫っていますし、本当に罪の告白をしているとしか思えない。

『その手に触れるまで』で印象に残っているのは、中盤のシーンです。主人公のアメッドが牧場で、偶然出会った女の子と戯れますね。女の子が草でちょっかいをかけるなど、描かれるのは何気ない時間にすぎませんが、そこに彼らが実際に初めて出会い、相手に向き合っているという瑞々しい感触を覚えました。近作では、『サンドラの週末』（二〇一四）や『午後8時の訪問者』（二〇一六）の時はやや抑制されている印象があったのですが、ここでのダルデンヌ兄弟はふたりのエネルギーを尊重し、造形美を突き詰めたからこそ現れる偶発性に身を委ねている感じがしました。そのシーンの撮影が得意の手持ちカメラによる移動ショットではなく、フィックスショットだったということも興味深いです。

自分の話をしますと、長編劇映画デビュー作の『僕の帰る場所』（二〇一七）において、親子でけんかをするシーンを撮りました。脚本上では、主人公であり、一家の長男であるカウン（カウン・ミャッ・トゥ）が、家族のどこに不満を覚えていてどう改善をしてほしいのか、ちゃんと言葉で説明するセリフがあったんですが、実際にそのシーンを撮ると、カウンの言葉がうまく出てこない。あるいは、脚本通りに言えたとしても、そこに感情がともなっていないような感じもする。ただ、子どもの場合は、自分の感情をそこまで論理立てて説明できるのかという問題もありますし、むしろ説明的である方がノイズになる場合もあります。撮影を続けるうちに、論理がはっきりとわかるよりも、言語化される前の感情を捉えることが大事だと感じ、その方向にシフトしていきました。

二作目の『海辺の彼女たち』(二〇二〇)の場合は、ラストシーンに特にダルデンヌ作品との親和性があるかと思います。事前に自分たちで演じた「ビデオコンテ」を作り、俳優たちに見せて動きを指示しました。そうして、練習とテストに時間をかけ、そのシーンでは体がどう動くかを頭に入れていただいたんです。このやり方はダルデンヌ兄弟の作法に近いですよね。テストの段階では同じ動きを反復してもらい、それが完全に体に根付いた段階ではじめて生まれるものに目を向ける。実際、このシーンでも僕たちの予測できなかったものが生まれ、余韻を残す映像になったのではないかと思います。

また、二作に共通することとしては、環境づくりに時間をかけたことですね。『僕の帰る場所』では舞台となる東京のアパートを一ヶ月くらい借りましたので、そこにまず、お父さん役のアイセさんに住んでもらい、そこにお母さん役のケイン・ミャッ・トゥさん、カウンくん、弟役のテッ・ミャッ・ナインくんに来てもらい、食卓を囲んでもらうようなことを繰り返しました(ケインさん、カウンくん、テッくんは実の親子です)。『海辺の彼女たち』でも、主役となる三人の女性は技能実習生という設定ですが、彼女たちには実際の仕事場の中で、水揚げされた魚の仕分けをしてもらったりもしました。また、映画に登場する病院なども実際の施設を借りて、実際に生活の次元で、彼女たちが自分の役を体感できるように意識したんですね。こうした工夫の根底にもまた、ダルデンヌ兄弟の存在があったように思います。特に『ロゼッタ』(一九九九)ですね。トレーラーハウスに住み、釣りをして、その餌となるミミズを探すといったロゼッタの日常の動作は本当に真に迫っていますし、その節々から、兄弟が環境づくりを入念に行ったことが伝わってきます。監督の演出とは、俳優に対して何かを説くのではなく、周囲の環境に配慮することの方が重要だと思えます。

『僕の帰る場所』と『海辺の彼女たち』について、「ドキュメンタリーみたい」と言われることもあります。しかし、移民に関連した問題は、むしろドキュメンタリーとして撮ることが難しい。たとえば実際に日本に不法滞在している人を撮ったとすれば、もちろん本名を出すことはできませんし、多少モザイクをかけたとしても、調べられてその人が捕まる可能性が高い。物理的な、というより倫理的な問題としてドキュメンタリーにはできないんです。

フィクションの場合は、そうした枷から逃れることができます。つまり、フィクションを撮るということは、「現実」から逃げるということではありません。人物や設定自体は架空のものでも、「現実」を自分なりに描くための手段なんです。ダルデンヌ兄弟が、ドキュメンタリーからフィクションに進出した理由として、「もっと現実に踏み込みたくなった」と語っているのをインタビューで読んだことがあります。それは共感できる部分です。

今後は生まれ故郷である大阪でも、作品を撮ることを考えています。ダルデンヌ兄弟は一貫してベルギーのリエージュで作品を作っていますよね。彼らが凄いと思うのは、「土地」に引っ張られていないところです。僕であれば、もう少しその土地の色を前面に出そうとしてしまうと思うんですね。どのように自分の色を出しながら撮影を進めていくか。少しずつ考えていきたいと思います。

# 私が『午後8時の訪問者』を大好きな理由

月永理絵

一度だけ、ジャン＝ピエール＆リュック・ダルデンヌの兄弟にインタビューをしたことがある。『その手に触れるまで』（二〇一九）の日本での公開を前にしたプロモーションとしての取材で、二〇二〇年四月のこと。ちょうど新型コロナウイルスの感染が徐々に拡大していた頃で、配給会社のいくつかは、大作を中心に徐々に新作の公開延期を決定し始めていた。映画人の来日も次々と中止になり、週刊誌で来日する監督たちの取材を担当していた私は、Skype や Zoom を使ったオンライン取材という新しい形式に四苦八苦しながら対応していた記憶がある。

ダルデンヌ兄弟への取材も、やはりオンラインで行った。通訳の方を挟み、二人はこちらの質問に交互に答えてくれたのだが、その受け答えの仕方は驚くほど整然としていた。たとえば脚本については兄が答え、演出については弟が答える、といった役割分担ではなく、どんな質問であろうと一問ずつ兄と弟が交互に答える、というのが、彼らのルールのようだった。後日、録音した音声データを文字に起こしてさらに驚いた。普通、二人を相手にした取材の場合、どうしても発言量に差ができるもので、記事にする際には分量が一方に偏らないよう調整したりするのだけれど、この兄弟の場合、記事の構成を工夫するまでもなかった。二人はほぼ同じ分量を交互に話していたし、一問につき一答というルールも乱れることがなかったからだ。それは、二人が別々の場所（おそらく自宅）から参加していたためなのか、あるいは対面でも同じスタイルなのか、何度か取材をした人に機会があれば聞いてみたい。

四〇分ほどの取材時間の中で、主に『その手に触れるまで』について話を聞きながら、私は次のような質問をした。あなたたちの映画ではカメラはいつも人物のすぐ近く（多くはその背後）にあり彼らの姿を追いかけるが、なぜこうした方法を一貫して続けているのかと。それに対して答えたのは兄のジャン＝ピエール。彼は「たしかに私たちの映画は一人の主人公の動きを追っていくことが多い」と認め、その法則は他の作品においてもほぼ同じだと答えてくれた。「主人公はいつも孤独の中にいて、そこからどう抜け出すのかを描いている」（取材記事は『週刊文春』二〇二〇年五月二八日号および『文春オンライン』に掲載）。

実際、ダルデンヌ兄弟の映画が映すのは、いつだって孤独の中に閉じ込められた人々の姿だ。彼らは孤独から抜け出せないばかりか、自らの意思で逃げ出そうとすることをも拒絶する。なぜなら、そこから抜け出すためには、誰かの手を借りることが必要だからだ。彼らは自分が憐れまれるのを何より嫌がり、自分一人で問題を解決したいと願う。『ロゼッタ』（一九九九）のエミリー・ドゥケンヌが施しを受けることを頑なに拒み、『サンドラの週末』（二〇一四）のマリオン・コティヤールが、自分の復職に投票してくれるよう同僚たちを説得してまわりながらも、同情されるのは嫌だと繰り返していたように。

そのせいか、ダルデンヌ兄弟の映画を見ると、私はいつも何かしら息苦しさを感じずにいられない。彼女／彼の背中や首筋を追いかけるカメラが、自分自身の目と同化し、孤独な彼らを追い詰め、どんな不幸をも冷静に観察しつづける、そんな罪悪感に似た気持ちになるからだ。もちろんその冷酷さは、いつしか訪れる脱出のためにある。過酷な現実に打ちのめされた主人公のもとに一筋の光がさしこみ、彼女／彼が孤独から抜け出すまでを、ダルデンヌ兄弟は執念深く待ちつづける。『その手に触れるまで』もまた、他者を拒み自分の世界に閉じこもる少年の姿をカメラ＝観客は執拗に追いかけるが、最後の最後、私たちはついに他者に向かって手を伸ばす少年を発見する。

こんなふうに、その都度さまざまに変化しながらも、ある種一貫した法則と倫理があるのがダルデンヌ兄弟の映画のように思う。そのなかで、ひとつだけ大きく印象の異なるのが、アデル・エネルが、街の診療所で働く臨時の医師ジェニーを演じた『午後8時の訪問者』（二〇一六）。公開当時から、これまでになくサスペンス色が強い物語だ、という声が高かった本作で、私が何より驚いたのはあるひとつのショットだった。ジェニーが働く診療所の呼び鈴を、ある夜、一人の少女が一度だけ押す。その少女を映した防犯カメラの映像が、目に焼きついて離れなかった。

セックスワーカーとして働いていた（働かされていた）少女は、ある男の追跡から逃れるため、たまたま灯が見えた診療所の呼び鈴を鳴らしたのだが、すでに診療時間を過ぎていたためジェニーは扉を開けず、カメラの映像を確認することもなかった。そのため、呼び鈴を押したのがアフリカ系の少女だったことも、彼女がその後慌ててどこかへ駆け出していったことも、ジェニーは目にすることがなかった。その映像を初めて見たのは、警察の立ち会いのもとで防犯カメラの映像を確認したときだ。川べりで死体となって発見された少女が死の直前に診療所の呼び鈴を押していたこと、そしておそらくそのときドアを開けていれば彼女が死ぬことはなかっただろうという事実に、この若き医師は衝撃を受ける。そして彼女は、せめて少女の名前と素性を知りたいと独自に調査を開始する。

物語の設定から見ても、ジェニーは他のダルデンヌ兄弟の映画の主人公とはどこか性質が異なるようだ。たしかに彼女もまた、頑なに自分の殻に閉じこもる人物ではある。自分の職と権威を守ることに必死になるあまり、研修医に対して高圧的に接し、彼の尊厳を傷つけてしまう。その結果として一人の少女を救

『午後８時の訪問者』


えなかったことに打ちのめされ、今度は自分の手で彼女の名前を明らかにするという使命に猛進する。それは君の仕事じゃないし、そもそも君には少女の死の責任はないのだと説得されようが耳を貸さず、誰の助けも借りず、自分ひとりで前へ前へと突き進む。

何より彼女を捉えて離さないのは、あの夜、診療所の玄関の前で必死に何かを訴えていた少女を映した白黒の映像だ。基本的に、主人公は常に画面の中に存在し、主人公がその場にいないシーンなどほぼ存在しないダルデンヌ兄弟の映画において、あの防犯カメラの映像だけが、アデル・エネル／ジェニーが画面内に存在しないショットであり、だからこそ彼女は、あの映像を忘れることができない。あの白黒で粗っぽい、いわば非正規の映像ともいえる画面の中に、どうして少女をたった一人押し込めてしまったのか。自分よりもずっと孤独で、助けを必要としていた少女。彼女が伸ばした手を、なぜ自分は握りしめ、正規の画面の中へと招き入れなかったのか。

つまりジェニーが囚われるのは、この映画における真の主役は、あの黒人の名もなき少女こそふさわしかったはずだ、という思いなのだ。そんな夢想に、私は思わず駆られてしまう。少女の顔が映るのは、玄関の前でのこのワンショットだけ。それも彼女の顔すらはっきりと判別できないほど不鮮明な映像だ。それでも、彼女はこの映画に登場する誰よりも力強く存在しつづける。彼女は、孤独の中に囚われ、常に誰かに追いかけられ、たった一度だけ他者に助けを求めた。ジェニーを悩ませるのは、少女を死なせた罪悪感以上に、主役の座を正しい人へ明け渡さなかったこと、そして画面の中に彼女を招き入れなかったことへの強い後悔だったのかもしれない。

映画の最後、ジェニーが待合室にいる老婆に手を貸し、地下の診察室へとゆっくりと招き入れることに、思わず涙してしまう。彼女は、差し出された手を握るという自分の役割を、今後も続けていくだろう。握ることができなかった少女の手の分も含めて。

そういえば、この映画の原題は *La Fille inconnue*（見知らぬ少女）だった。そして『午後8時の訪問者』は、私にとってダルデンヌ兄弟の映画の中で、一際異質なものとして、そして何より大好きな映画としてありつづける。

# あの子に必要なあなた　『トリとロキタ』を観て

川和田恵真

先日、『トリとロキタ』（二〇二二）の試写会にお招きいただき、一足早く作品を鑑賞した。お声かけいただいたのは、昨年私が監督脚本を務め公開した『マイスモールランド』（二〇二二）では日本で難民申請をしているクルド人の少女を描いており、『トリとロキタ』でもアフリカからベルギーに亡命した少女少年の苦境が描かれているという共通点があったご縁からだった。

私は大学生になってから、ミニシアターや名画座で観る映画の面白さを知り、映画にのめり込むようになった。そのなかで出会ったのがジャン＝ピエール＆リュック・ダルデンヌ監督作品であった。『ロゼッタ』（一九九九）や『息子のまなざし』（二〇〇二）に衝撃を受け、同じくダルデンヌ兄弟に影響された先輩達とほぼ全編手持ち撮影で自主映画を作ったこともあった。だから今回、ダルデンヌ兄弟と時を同じくして重なるテーマに向き合っていたということを知り、とても嬉しく思った。そして、試写を観終えて、あまりに素晴らしく、打ちのめされ、感想をうまく言葉にできなかった。

最初に、簡単にではあるが『トリとロキタ』の内容を紹介する。トリとロキタは亡命してベルギーに逃れて来ている。ロキタのビザ取得のために姉弟と偽っていて、血縁はない。彼らは生活のため、麻薬売買に関わることを余儀なくされており、常に身の危険と隣り合わせだ。子どもらしい迂闊さを持ちながらも、生きてきた環境からなのか、したたかさを備えた彼らは、搾取しようとしてくる大人を出し抜こうとする。周囲に助けてくれる人もいないなか、どうにか二人で生きようとする姿が描かれてゆく。

自作『マイスモールランド』と、重なるところ、異なるところ、その両方を意識しながら作品を観ていたのだが、特に心に留まったことについて考えてみたい。

まず、観ていただいた方には明らかであると思うが、撮影スタイルについては大きく異なっている。人物を近い距離で追いかけていく印象の強いダルデンヌ監督作品だが、『トリとロキタ』でもそのスタイルは健在だ。長いワンカットの手持ち撮影で近い距離から人物を追うことによって緊張感が生まれている。人物の動きの作り方が見事で、観客を体感的に引き込む。対して自作では、ある距離を保ちながら人物を見つめ続けるスタイルを選んだ。人と人の距離感とその変化を大切に、心の揺れを繊細に映し出したかった。

そんな撮影スタイルの違いは、両作の在留資格をめぐる面接シーンにわかりやすく出ていると思う。どちらも、資格を得ようとする立場の人が、部屋のなかで面接官に向き合って座っている点では同じだが、『トリとロキタ』ではロキタの表情のアップを長く映し、面接官は映されない。主人公が発する言葉や表情の変化のみから、観客は面接官のように彼女が何者であるのかを読み取ろうとする。一方、自作では主人公家族四人のショットを中心にし、また面接官側もカメラに収めている。父と面接官のやりとりに対する子どもたちの態度の変化を映したいと考え、また、無慈悲な対応の中に含まれる、面接官の複雑な表情も掬い取りたいと考えていたからだ。

他方で、演技経験のない子どもがメインキャストであるということは共通している。『トリとロキタ』

では撮影までにリハーサルを重ね、キャストが自ら「こうしたい」と自主性を発揮したという。私も自作の撮影にあたっては数ヶ月前からリハーサルを行い、キャストが感じたことを聞いてディスカッションをしながらセリフや内容を考えていった。とくに印象的なのは、家族での食事のシーンを撮影したときのことだ。主人公サーリャの弟ロビンを演じた、撮影当時七歳だったリオン・カーフィザデーくんは、私が当初考えていた、ラーメンを食べて言うセリフを言いたがらなかった。そこで、「言いたいことを言って」と彼にセリフを託すと、シンプルに「おいしい！」と言い、その一言が家族全員の笑顔を引き出してくれたのだ。ダルデンヌ監督はキャストからの提案は正しいことが多かったと言うが、私の経験でもそうだった。

そして、『トリとロキタ』を観て、私の頭に焼き付いて離れないのは、二人の絆を感じさせるさまざまな時間の描写だった。歌を歌いながら互いを見つめる目、ベッドでくすぐって戯れる二人、トリの髪を梳かしてやるロキタ、寝るときにロキタに歌を歌ってとねだるトリ、トリに少しでも早く会いたくて学校まで迎えに行くロキタ、ロキタに描いた絵を見せるトリ、笑って走る二人、ロキタがけがをした際に血を自分のシャツで拭いてあげるトリ、孤独な食事をするときにトリの写真を見るロキタ、ロキタの名前を呼び続けながら彼女を捜すトリ……。救いがない中でお互いを思う、そんな一つひとつの描写が心にじんわりと温かく残った。

このように、『トリとロキタ』では同じ人種の移民の二人の友情が描かれている。対して、『マイスモールランド』ではクルド人の少女サーリャと日本人の少年聡太という異なる人種の交流を描いた。見知らぬ誰かが、ほかの誰かにとってとてつもなく大切で必要な存在であるかも知れない。そんな想像力を持ちたいと思いながらサーリャと聡太が出会い心の距離を縮めていくやりとりを撮り、トリとロキタが本当の姉弟以上にお互いのことを思いやるやりとりを見た。「お互いに必要なたった一人の存在」を作品の最も大切な要素として描いていることは二作を強く結びつけていると私は感じた。

しかし、『トリとロキタ』のラストはシビアで、打ちのめされる。私はあのようなラストを描けるだろうかと考えてみたが、正直わからない。どうか二人が安住できるようにと願う気持ちを込めるだろうが、その結末までは描かないかもしれない。ダルデンヌ監督があのラストを選択した背景には、そう描かなければならないと考えるまでに切迫した社会の状況があるのだと思う。

「観客が、映画を観終えた後で、私たちの社会に蔓延する不正義に反旗を翻す気持ちになってくれたら」と語る監督の言葉（『トリとロキタ』日本語公式ＨＰに掲載）にも勇気をもらった。長年のキャリアを積み重ねてきても尚、不正義に立ち向かう映画を作るジャン＝ピエール＆リュック・ダルデンヌ監督のエネルギーに心底圧倒される。二人の勇気が多くの人に届くことを願いながら、私も負けずに作品作りを続けたい。

『トリとロキタ』

# ジャン＝ピエール&リュック・ダルデンヌ　フィルモグラフィー

作成：井河澤智子

**劇映画**

**ファルシュ** *Falsch*（一九八六）
監督・脚本：ジャン＝ピエール&リュック・ダルデンヌ
原作：ルネ・カリスキー
出演：ブリュノ・クレメール　他
ベルギー　八二分
ベルリン国際映画祭　フォーラム部門　正式出品
カンヌ国際映画祭　ある視点　正式出品

**走る、世界は走る** *Il court.. il court le Monde*（短編）（一九八七）
監督・脚本：ジャン＝ピエール&リュック・ダルデンヌ
撮影：アラン・マルコアン
編集：マリ＝エレーヌ・ドゾ
ベルギー　一〇分

**あなたを想う** *Je pense à vous*（一九九二）
監督・製作：ジャン＝ピエール&リュック・ダルデンヌ
脚本：ジャン＝ピエール&リュック・ダルデンヌ　ジャン・グリュオー
編集：ルド・トーチ　デニス・ヴィンデヴォーゲル
音楽：ヴィム・メルテンス
出演：ロバン・レヌッチ　ファビエンヌ・バーブ　他
ベルギー　九五分
ナミュール国際映画祭　観客賞／金のバイヤール（最優秀女優）賞（ファビエンヌ・バーブ）

**イゴールの約束** *La Promesse*（一九九六）
監督：ジャン＝ピエール&リュック・ダルデンヌ
脚本：ジャン＝ピエール&リュック・ダルデンヌ　レオン・ミショー　アルフォンス・バドロ
撮影：アラン・マルコアン
編集：マリ＝エレーヌ・ドゾ
音楽：ジャン＝マリ・ビリー　ドニ・ムプンガ
出演：ジェレミー・レニエ　オリヴィエ・グルメ　アシタ・ウエドラオゴ　他
ベルギー＝フランス＝ルクセンブルク＝チュニジア　九三分
カンヌ国際映画祭　国際芸術評論連盟賞
全米批評家協会　外国語映画賞
ロサンゼルス批評家協会　外国語映画賞　他

**ロゼッタ** *Rosetta*（一九九九）
監督・脚本：ジャン＝ピエール&リュック・ダルデンヌ
製作：ジャン＝ピエール&リュック・ダルデンヌ　ミシェル&

ローラン・ペタン
撮影：アラン・マルコアン
編集：マリ＝エレーヌ・ドゾ
出演：エミリー・ドゥケンヌ　ファブリツィオ・ロンジョーネ　オリヴィエ・グルメ　アンヌ・イエルノー　他
ベルギー＝フランス　九一分
カンヌ国際映画祭　パルム・ドール／主演女優賞（エミリー・ドゥケンヌ）他

## 息子のまなざし *Le Fils*（二〇〇二）

監督・脚本：ジャン＝ピエール&リュック・ダルデンヌ
製作：ジャン＝ピエール&リュック・ダルデンヌ　ドニ・フロイド
撮影：アラン・マルコアン
編集：マリ＝エレーヌ・ドゾ
出演：オリヴィエ・グルメ　モルガン・マリンヌ　イザベラ・スパール　他
ベルギー＝フランス　一〇三分
カンヌ国際映画祭　主演男優賞（オリヴィエ・グルメ）／エキュメニック賞特別賞
ファジル国際映画祭　グランプリ／主演男優賞（オリヴィエ・グルメ）他

## ある子供 *L'Enfant*（二〇〇五）

監督・脚本：ジャン＝ピエール&リュック・ダルデンヌ
製作：ジャン＝ピエール&リュック・ダルデンヌ　ドニ・フロイド
撮影：アラン・マルコアン
編集：マリ＝エレーヌ・ドゾ
出演：ジェレミー・レニエ　デボラ・フランソワ　ジェレミー・スガール　オリヴィエ・グルメ　他
ベルギー＝フランス　九五分
カンヌ国際映画祭　パルム・ドール　他

## 暗闇 *Dans l'obscurité*（二〇〇七）

※オムニバス映画『それぞれのシネマ』*Chacun son cinéma* の一篇
製作総指揮：ジル・ヤコブ
カンヌ国際映画祭　六〇回記念作品
東京フィルメックス　オープニング作品

## ロルナの祈り *Le Silence de Lorna*（二〇〇八）

監督・脚本：ジャン＝ピエール&リュック・ダルデンヌ
製作：ジャン＝ピエール&リュック・ダルデンヌ　ドニ・フロイド
撮影：アラン・マルコアン
編集：マリ＝エレーヌ・ドゾ
出演：アルタ・ドブロシ　ジェレミー・レニエ　ファブリツィオ・ロンジョーネ　オリヴィエ・グルメ　他
ベルギー　一〇五分
カンヌ国際映画祭　脚本賞　他

## 少年と自転車 *Le Gamin au vélo*（二〇一一）

監督・脚本：ジャン＝ピエール&リュック・ダルデンヌ
製作：ジャン＝ピエール&リュック・ダルデンヌ　ドニ・フロイド
製作総指揮：デルフィーヌ・トムソン

撮影：アラン・マルコアン
編集：マリ＝エレーヌ・ドゾ
出演：トマ・ドレ　セシル・ドゥ・フランス　ジェレミー・レニエ　他
ベルギー＝フランス＝イタリア　八七分
カンヌ国際映画祭　グランプリ
ヨーロッパ映画賞　脚本賞
ゴールデングローブ賞　外国語映画賞　ノミネート　他

### サンドラの週末　*Deux jours, une nuit*（二〇一四）

監督・脚本：ジャン＝ピエール＆リュック・ダルデンヌ
製作：ジャン＝ピエール＆リュック・ダルデンヌ　ドニ・フロイド
製作総指揮：デルフィーヌ・トムソン
撮影：アラン・マルコアン
編集：マリ＝エレーヌ・ドゾ
出演：マリオン・コティヤール　ファブリツィオ・ロンジョーネ　オリヴィエ・グルメ　モルガン・マリンヌ　他
ベルギー＝フランス＝イタリア　九五分
カンヌ国際映画祭　コンペティション部門　正式出品
アカデミー賞　主演女優賞　ノミネート（マリオン・コティヤール）
ヨーロッパ映画賞　最優秀女優賞（マリオン・コティヤール）
ニューヨーク映画批評家協会　主演女優賞（マリオン・コティヤール）
全米映画批評家協会　主演女優賞（マリオン・コティヤール）他

### 午後8時の訪問者　*La Fille inconnue*（二〇一六）

監督・脚本：ジャン＝ピエール＆リュック・ダルデンヌ
製作：ジャン＝ピエール＆リュック・ダルデンヌ　ドニ・フロイド
製作総指揮：デルフィーヌ・トムソン
撮影：アラン・マルコアン
編集：マリ＝エレーヌ・ドゾ
出演：アデル・エネル　オリヴィエ・ボノー　ルカ・ミネラ　オリヴィエ・グルメ　ファブリツィオ・ロンジョーネ　他
ベルギー＝フランス　一〇六分
カンヌ国際映画祭　コンペティション部門　正式出品
トロント国際映画祭　正式出品
オンライン映画批評家協会　最優秀米国未公開作品　他

### その手に触れるまで　*Le Jeune Ahmed*（二〇一九）

監督・脚本：ジャン＝ピエール＆リュック・ダルデンヌ
製作：ジャン＝ピエール＆リュック・ダルデンヌ　ドニ・フロイド
製作総指揮：デルフィーヌ・トムソン
撮影：ブノワ・デルヴォー
編集：マリ＝エレーヌ・ドゾ
出演：イディル・ベン・アディ　オリヴィエ・ボノー　ミリエム・アケディウ　ヴィクトリア・ブルック　クレール・ボドソン　オスマン・ムーメン　他
ベルギー＝フランス　八四分
カンヌ国際映画祭　監督賞
バリャドリッド国際映画祭　脚本賞／編集賞　他

**トリとロキタ** *Tori et Lokita*（二〇二二）
監督・脚本：ジャン＝ピエール＆リュック・ダルデンヌ
製作：ジャン＝ピエール＆リュック・ダルデンヌ　ドニ・フロイド
製作総指揮：デルフィーヌ・トムソン
撮影：ブノワ・デルヴォー
編集：マリ＝エレーヌ・ドゾ
出演：パブロ・シルズ　ジョエリー・ムブンドゥ　他
ベルギー＝フランス　八九分
カンヌ国際映画祭　七五周年記念大賞
サンセバスチャン国際映画祭　バスク国二〇三〇アジェンダ賞　他

## ドキュメンタリー

**ワロン地方の労働者の街で** *dans les cites ouvrieres de Wallonie*（一九七七）
※参加型のビデオ作品

**ナイチンゲールの歌声** *Le Chant du Rossignol*（一九七八）
五二分

**レオン・Mの船が初めてムーズ川を下る時**
*Lorsque le bateau de Léon M. descendit la Meuse pour la première fois*（一九七九）
四〇分

**戦争が終わるには壁が崩壊しなければならない**
*Pour que la guerre s'achève, les murs devaient s'écrouler*（一九八〇）
五〇分

**某Rはもう何も答えない** *R... ne répond plus*（一九八一）
五〇分

**移動大学の授業** *Leçons d'une université volante*（一九八二）
五〇分

**ヨナタンを見よ：ジャン・ルーヴェ、その仕事**
*Regard Jonathan/Jean Louvet, son œuvre*（一九八三）
五七分

## あとがき

二〇二〇年にスタートさせた「ドキュメンタリー叢書」も、今回で三冊目となる。ジョナス・メカス、アニエス・ヴァルダを経て、今回ははじめて現役の作家を扱った。デビューから半世紀近くにわたり、社会のひずみから生まれる人々の苦境と向き合い続けてきたダルデンヌ兄弟だが、そのことは彼らの作家としての一貫性を示すと同時に、近年においても、私たちの社会が前進を見せていないことのひとつの証左ともなっているだろう。今後も兄弟の闘いは続くであろうし、私自身も本書を作り終えたいま、胸に去来しているのはむしろ「これで終わりではない」という思いである。『トリとロキタ』以降の兄弟のフィルモグラフィーが更新される時を楽しみに待ちたい。

とはいえ、日本ではじめてのダルデンヌ兄弟を特集した書籍として、本作はたしかな価値のあるものになったはずだ、という自負はある。何も私をほめてほしいわけではなく、今回こころよく執筆を承諾してくださった、執筆者のみなさまの尽力があってこその思いである。この場で深い感謝を申し上げたい。編集協力としてアドバイスをくださった、大学時代からの友人である大内啓輔氏、全頁のきめ細やかな校閲を担当してくださった村井厚友氏、装幀を手掛けられた菊井崇史氏にも、この場を借りて感謝を申し上げる。

二〇二三年三月
若林 良

## リリース情報
**※2023年3月現在**

**画像提供・協力　ビターズ・エンド**

『サンドラの週末』
価格　DVD ￥4,180（税込）
発売・販売元　KADOKAWA

『午後8時の訪問者』
価格　DVD ￥4,180（税込）
発売・販売元　KADOKAWA

『その手に触れるまで』
価格　DVD ￥4,180（税込）
発売元　TCエンタテインメント

**井河澤智子**（いかざわ・ともこ）
茨城県出身。図書館情報大学大学院情報メディア研究科博士前期課程修了。大学図書館司書、某巨大博物館シアターナビゲーターなどを経て、映画を観る活動を始める。

**魚住桜子**（うおずみ・さくらこ）
パリ在住二〇年のフリージャーナリスト。「映画芸術」「キネマ旬報」などに映画人のインタビュー記事を中心に執筆。ほかにも、食やフランス文化、暮らしにまつわる取材、執筆を行う。著書に『映画の声を聴かせて』（森話社）。

**大内啓輔**（おおうち・けいすけ）
一九九〇年生まれ。早稲田大学大学院文学研究科演劇映像学コース修士課程修了。論文に「ウディ・アレン『アニー・ホール』におけるオートフィクションの様相」（『演劇映像』56号所収）など。

**大久保清朗**（おおくぼ・きよあき）
一九七八年生まれ。東京都出身。山形大学人文社会科学部准教授。映画評論家。『朝日新聞』などに寄稿。共著に『成瀬巳喜男の世界へ』（筑摩書房）、訳書にクロード・シャブロル、フランソワ・ゲリフ『不完全さの醍醐味』（清流出版）など。

**荻野洋一**（おぎの・よういち）
番組等映像演出、映画評論家。「カイエ・デュ・シネマ」の日本版に創刊時から休刊まで編集委員として関わる。現在は「キネマ旬報」「リアルサウンド」「NOBODY」「現代ビジネス」等に映画評を執筆。テレビ番組の構成・演出も多数手がける。

**金子遊**（かねこ・ゆう）
批評家・映像作家。著書『映像の境域』（森話社）でサントリー学芸賞〈芸術・文学部門〉受賞。他の著書に『ワールドシネマ入門』（コトニ社）、『光学のエスノグラフィ』（森話社）など多数。共編著に『ジョナス・メカス論集』など。neoneo 編集委員。

**川和田恵真**（かわわだ・えま）
二〇一四年から「分福」に所属し、是枝裕和監督の作品等で監督助手を務める。商業長編映画デビュー作『マイスモールランド』は第七二回ベルリン国際映画祭アムネスティ国際映画賞スペシャル・メンションを授与された。

**菊井崇史**（きくい・たかし）
一九八三年生まれ。詩、評論、写真等を発表。二〇一八年詩集『ゆきはての月日をわかつ伝書臨』『遙かなる光郷へノ黙示』（共に書肆子午線）刊行。

**渋谷哲也**（しぶたに・てつや）
一九六五年生まれ。ドイツ映画研究、日本大学文理学部教授。著書に『ドイツ映画零年』（共和国）。編著書に『ストローブ＝ユイレ　シネマの絶対に向けて』（森話社）、『ファスビンダー』（現代思潮新社）など。ドイツ映画の字幕翻訳多数。

**住本尚子**（すみもと・なおこ）
一九八九年生まれ。広島県出身。映画『ふゆうするさかいめ』監督。書籍『ワールドシネマ入門』の装丁画／挿絵を担当。映画にまつわるWebマガジン「Filmground」主宰など。

**月永理絵**（つきなが・りえ）
一九八二年生まれ。ライター、編集者。雑誌『映画横丁』編集人。書籍や映画パンフレットの編集のほか、『朝日新聞』や『週刊文春』などで映画評やインタビュー記事を執筆。

**冨塚亮平**（とみづか・りょうへい）
一九八五年生まれ。神奈川大学外国語学部助教。専門は米文学／文化研究。共編著に『『ドライブ・マイ・カー』論』（慶應義塾大学出版会、二〇二三年）、近年の論考に「恩寵を見ること——ジョナサン・デミ『愛されし者』Belovedにおける「再記憶」との遭遇」（『ユリイカ』51巻17号）など。

**中根若恵**（なかね・わかえ）
南カリフォルニア大学映画芸術学科博士課程在籍。専門は映画学とジェンダー論。論文に「作者としての出演女性：ドキュメンタリー映画『極私的エロス・恋歌1974』とウーマン・リブ」（二〇一六）等。

**原田麻衣**（はらだ・まい）
京都大学大学院人間・環境学研究科博士後期過程在籍。専門はフランス映画。主な論文に「物語る「私たち」——フランソワ・トリュフォー『あこがれ』（1957）における文学作品の映画的変換」（『映像学』108号）。

**藤元明緒**（ふじもと・あきお）
一九八八年生。初長編『僕の帰る場所』が、第三〇回東京国際映画祭アジアの未来部門で二冠。続く『海辺の彼女たち』が、第六八回サンセバスチャン国際映画祭に選出。同作にて新藤兼人賞金賞、第三回大島渚賞を受賞。

**山下研**（やました・けん）
執筆・編集。一九八九年、東京都生まれ。慶應義塾大学卒。「キネマ旬報」『フィルムメーカーズ21 ジャン＝リュック・ゴダール』「ゲンロン」「neoneo」などに寄稿。批評誌「エクリヲ」編集。

**吉田悠樹彦**（よしだ・ゆきひこ）
一九七五年生。メディア研究、芸術学・芸術評論。近現代の演芸、レニ・リーフェンシュタールや戦前の映画に対する検閲に関する論文がある。共著に *The Routledge Companion to Butoh Performance*（二〇一八年）。neoneo 編集委員。

**若林良**（わかばやし・りょう）
一九九〇年生まれ。映画批評／ライター。「キネマ旬報」「週刊現代」などに執筆。共編著に『アニエス・ヴァルダ 愛と記憶のシネアスト』など。neoneo 編集委員。

**写真提供**　カバー写真　魚住桜子
**イラスト**　一八三頁　住本尚子

ドキュメンタリー叢書 #03
ダルデンヌ兄弟　社会をまなざす映画作家

2023年4月12日　発行　　定価はカバーに表示しています

編　　集　若林 良

編集協力　大内啓輔

校　　閲　村井厚友

装　　幀　菊井崇史

発 行 所　neoneo 編集室

〒155-0031　東京都世田谷区北沢 4-4-8-2A
Tel　090-8108-7971
mail　neoneo.mag@gmail.com
http://webneo.org/

印刷·製本　株式会社 イニュニック

Printed in Japan
ISBN978-4-906960-14-9